reinhardt

Karin Schels

Denk auch an Dich!

Wie pflegende Angehörige den Alltag gelassen meistern

Ernst Reinhardt Verlag München Basel

Karin Schels, München, ist Lehrerin für Pflegeberufe, Betriebswirtin im Sozial- und Gesundheitswesen, Personalreferentin und Entspannungspädagogin.

Bibliografische Information der Deutschen Nationalbibliothek

Die Deutsche Nationalbibliothek verzeichnet diese Publikation in der Deutschen Nationalbibliografie; detaillierte bibliografische Daten sind im Internet über <http://dnb.d-nb.de> abrufbar.

ISBN 978-3-497-02509-1 (Print)
ISBN 978-3-497-60216-2 (E-Book)

Printed in Germany
Lektorat / Redaktion im Auftrag des Ernst Reinhardt Verlags: Cornelia Fichtl, München
Covermotiv: © jd-photodesign / Fotolia.com
Satz: JÖRG KALIES – Satz, Layout, Grafik & Druck, Unterumbach

Ernst Reinhardt Verlag, Kemnatenstr. 46, D-80639 München
Net: www.reinhardt-verlag.de E-Mail: info@reinhardt-verlag.de

Inhalt

Fragebögen und Vorlagen zum Ausfüllen stehen auf der Homepage des Ernst Reinhardt Verlags unter http://www.reinhardt-verlag.de zum Download zur Verfügung.

Vorwort

Um liebevoll mit anderen umgehen zu können, hilft es, liebevoll mit sich selbst zu sein. Spätestens, wenn eine Pflegesituation nicht nur den Alltag, sondern auch das Lebensgefühl der Pflegenden und sogar der gesamten Familie bestimmt, ist es daher an der Zeit innezuhalten. „Liebe Deinen Nächsten, wie Dich selbst!" – dieses Gebot berücksichtigt aus gutem Grund die Liebe zu sich selbst.

Obwohl ich beruflich lange in verschiedenen Bereichen der Pflege tätig war, stellte mich die Intensität der häuslichen Pflege in meiner Familie vor völlig neue, sehr persönliche Herausforderungen. Als entfernt lebendes Familienmitglied, meinen Vater und meine Schwestern bei der Pflege meiner Mutter tageweise unterstützend, erhielt ich zumindest eine Ahnung davon, wie viele innere und äußere Hürden den sorgsamen Umgang mit sich selbst in der Pflegesituation bisweilen erschweren.

Deshalb bildet eine Auswahl ermutigender und hilfreicher Methoden und Denkweisen, die ich im Laufe meines beruflichen und persönlichen Lebens kennen lernen und erproben durfte, das Herzstück des vorliegenden Buches. Ein Anspruch auf Vollständigkeit besteht nicht und eine Haftung für mögliche Fehler in der Umsetzung ist ausgeschlossen. Falls Sie sich nicht sicher sind, wie bestimmte Methoden auf Sie wirken, sollten Sie diese unter Anleitung eines geschulten Experten einüben. Ebenso kann es sinnvoll sein, eine Person des Vertrauens oder Ihren behandelnden Arzt hinzu zu ziehen.

Häufig sind es bereits einfache Handlungen, die erst einmal weiterhelfen. Bei deren Umsetzung spürt jeder Mensch, was ihm persönlich am meisten zusagt. Experimentieren Sie mit den Anregungen, welche Sie besonders ansprechen. Haben Sie gleichzeitig den Mut, etwas Neues auszuprobieren. Bereits kleine Änderungen im alltäglichen Ablauf können sich positiv auf Sie, Ihre Familie und Ihre pflegeempfangenden Angehörigen auswirken.

Es gibt ohne Frage noch viel zu tun, bis pflegende Angehörige angemessene Unterstützung, Anerkennung und finanzielle Absicherung erhalten. Gleichzeitig ist es meiner Erfahrung nach nützlicher das Hilfreiche anzuwenden, um den praktischen Alltag zu bewältigen, als am Hinderlichen festzuhalten. Je öfter eine neue Einstellung geübt wird, desto leichter fällt sie. Die Belastungen werden dadurch nicht geringer, aber die Fürsorge für sich selbst schafft einen wohltuenden Ausgleich zum Alltag, oder sorgt zumindest für eine zeitweilige Entlastung.

Dieser Ratgeber möchte mit hilfreichen Tipps zu Ihrem Wohlbefinden beitragen. Ich danke Ihnen allen für Ihren persönlichen Einsatz und wünsche Ihnen für Ihre Aufgabe viel Energie und Lebensfreude!

1 Sie sind nicht allein

„Der eine wartet, dass die Zeit sich wandelt, der andre packt sie kräftig an und handelt."
Dante Alighieri

Haben Sie sich schon einmal gefragt, wie viele Menschen ebenso wie Sie die Pflege von Angehörigen übernehmen? Im Jahr 2012 gab es in Deutschland ca. 80 Millionen Menschen (*Statistisches Bundesamt 2013*). Etwa 1,7 Millionen in der eigenen Häuslichkeit lebende Menschen erhielten 2012 Leistungen aus der Sozialen Pflegeversicherung (*Bundesministerium für Gesundheit 2013*). Der Sozialverband VdK geht von rund 4 Millionen Menschen aus, die von Angehörigen betreut und gepflegt werden (*Sozialverband VdK 2014*). Anders ausgedrückt: 5 % der Bundesbürger (jede zwanzigste Person) werden zuhause von Angehörigen gepflegt oder betreut. Das bedeutet: mindestens jeder zwanzigste ist ein pflegender Angehöriger!

Wer sind die pflegenden Angehörigen?

Laut einer Studie des Kuratorium Deutsche Altershilfe (*Salomon 2009, 9*) sind mehr als die Hälfte der Pflegenden zwischen 40 und 64 Jahren alt, ein Drittel 65 Jahre und älter. Einige von ihnen sind selbst körperlich eingeschränkt und nur wenige sind darin geschult, mit den physischen und seelischen Anforderungen der Pflege und Betreuung umzugehen.

Am häufigsten werden Eltern von ihren Kindern gepflegt, am zweithäufigsten Partner von ihren Partnern. Dabei übernehmen bis zu 80 % Frauen die Pflege; Töchter, Schwiegertöchter, Partnerinnen oder Mütter. Aber auch Söhne (5 %) und Partner (12 %) oder sonstige Verwandte finden sich als pflegende Angehörige (*Salomon 2009, 9*).

Viele pflegende Angehörige sind berufstätig, da sie auf ein Einkommen angewiesen sind. Laut Sozialverband VdK Deutschland e. V. stieg der Anteil der Teilzeitbeschäftigten unter den pflegenden Angehörigen in der Zeit von 1997 bis 2010 von 26,3 % auf 36,1 % an. Auch die Zahl der Vollzeitbeschäftigten stieg, von 14,1 % auf 17,6 %. Der GKV-Spitzenverband (Zentrale Interessenvertretung der gesetzlichen Kranken- und Pflegekassen) vermutete 2011, dass die häusliche Versorgung Pflegeempfangender in Zukunft schwerpunktmäßig von Menschen mit geringerem Bildungsniveau und eingeschränkten finanziellen Mitteln übernommen werde und somit finanzielle Notlagen in diesen Familien verstärken wird (*GKV-Spitzenverband 2011, 25f.*).

Sogar minderjährige Kinder und Jugendliche gehören zu dem familiären Netz, durch das die häusliche Pflege von Angehörigen gewährleistet wird. Zwar liegen in Deutschland noch keine konkreten Zahlen vor, doch Schätzungen gehen von rund 225.000 Kindern unter 18 Jahren aus, die durch Pflege, Mithilfe im Haushalt und Versorgung jüngerer Geschwister dazu beitragen, dass die Familie möglichst normal weiter leben kann (*Schefels o. J.*).

Welche Aufgaben übernehmen pflegende Angehörige?

Doch wo beginnt Pflege und Betreuung? Viele Menschen bezeichnen die für sie selbstverständlichen Handreichungen für ihre Angehörigen nicht als Pflege- oder Betreuungsleistung, selbst wenn sie einen beträchtlichen Teil ihrer Zeit einnehmen. So schauen Sie nun täglich bei den Eltern oder Schwiegereltern nach dem Rechten oder intensivieren ihre wöchentlichen Besuche. Sie erledigen Einkäufe, die Post oder einen Teil der Hausarbeit für sie, agieren als Chauffeur oder Alleinunterhalter, unterstützen in finanziellen Fragen und zelebrieren gemeinsame Feiertage. Der aktivere und gesündere Partner verteilt häufig unmerklich die täglichen Aufgaben und übernimmt auch bisher ungewohnte Pflichten, wenn die Fähigkeiten des (Ehe-)Partners nachlassen. Pflegende Angehörige hören geduldig zu, auch wenn sich die Themen, über die gesprochen wird, wiederholen. Sie geben Rat und bestärken ihre Lieben emotional.

Die Notwendigkeit einer stützenden Begleitung oder Pflege kann schleichend eintreten oder durch eine akute Erkrankung, einen Unfall oder wenn der bisher pflegende Angehörige verstirbt, plötzlich erforderlich werden. Mit zunehmendem Unterstützungsbedarf wächst die Anzahl der Aufgaben. Der Umgang mit Hilfsmitteln will angeregt, das Essen hergerichtet, die Körperpflege und das Ankleiden müssen angeleitet oder übernommen, die Medikamenteneinnahme kontrolliert, die Inkontinenzversorgung unterstützt werden.

Kann der Betreffende das Haus nicht mehr verlassen häufen sich Erledigungen. Finanzielle und rechtliche Angelegenheiten müssen geklärt und Formulare ausgefüllt werden. Auch stellen Angehörige häufig die einzigen sozialen Kontakte dar. Sie sind eine Verbindung zur Außenwelt wie auch zu besseren Zeiten in der Vergangenheit. Nicht zuletzt benötigen viele Angehörige ein gutes Maß an Einfühlungsvermögen und Überzeugungskraft, um die betreffende Person davon zu überzeugen, Hilfe anzunehmen.

Lebt der Pflegeempfangende in einer stationären Pflegeeinrichtung, übernehmen viele Angehörige auch weiterhin spezifische Aufgaben. Sie wissen, wie viel angenehmer es ist, wenn eine vertraute Person das Essen reicht oder die Wäsche reinigt. Sie beleben den Alltag durch Erzählungen und Bilder aus der Familie oder der Nachbarschaft, sorgen für anregenden Lesestoff und Musik oder ermöglichen Ausflüge und die Teilnahme an Familienfeierlichkeiten.

Gesellschaftliche Bedeutsamkeit pflegender Angehöriger

Je länger wir leben, desto mehr steigt die Wahrscheinlichkeit zu erkranken oder Pflege zu benötigen. In den letzten hundert Jahren stieg die durchschnittliche Lebenserwartung der Männer von 47 auf 77 Jahre und die der Frauen von 50 auf etwa 82 Jahre (*Luy 2014*). Trotz der steigenden Anzahl derer, die Pflege benötigen, leben weiterhin ca. 1/3 der Pflegeempfangenden in stationären Einrichtungen, während ca. 2/3 zu Hause verweilen. Dies spiegelt sich auch in einem deutlichen Anstieg der Beschäftigten im ambulanten und stationären Pflegebereich wieder. Das Bundesgesundheitsministerium erwartet einen weiteren Anstieg von Pflegebedürftigen (von 2,54 Millionen im Jahr 2012 auf 3,22 Millionen in 2030, bzw. 4,23 Millionen in 2050).

Die Bedeutsamkeit pflegender Angehöriger für unsere Gesellschaft ist daher enorm. Der Sozialverband VdK Deutschland e.V. schätzte 2013, dass ohne pflegende Angehörige 3,2 Millionen mehr Vollzeitpflegekräfte benötigt würden – umgerechnet wären das zwischen 75 und 145 Milliarden Euro Lohnkosten. Dabei stieg die Beschäftigung in der Pflege von 1999 bis 2011 um mehr als 50 % (*Bundesministerium für Gesundheit o.J.a*), doch insbesondere die Altenpflege kämpft seit Jahren mit Nachwuchssorgen.

Gleichzeitig war bereits 2011 in der Ärztezeitung ein Rückgang in der Bereitschaft, Angehörige rund um die Uhr zu betreuen, zu lesen. Äußerten sich 2006 noch 35 % der Befragten positiv dazu, waren es 2011 nur noch 18 %. Neben persönlichen Gründen wurden der Wandel traditioneller Familienstrukturen und erhöhte Mobilitätsanforderungen auf dem Arbeitsmarkt angeführt (*Hommel 2011*). Sicher fällt bei dieser Frage ebenso ins Gewicht, dass es immer weniger Kinder gibt. So zählte man laut Wikipedia 2002 nur halb so viele Geburten wie 1964. Auch die Zahl der Singlehaushalte steigt.

Gesellschaftliches Ansehen pflegender Angehöriger

Pflegende Angehörige schultern eine der größten Aufgaben unserer Solidar-Gemeinschaft. Kaum jemand denkt darüber nach, dass pflegende Angehörige durchschnittlich weit mehr als 40 Stunden in der Woche mit dieser Aufgabe beschäftigt sind. Häufig, besonders bei demenziell erkrankten Angehörigen, sind sie 24 Stunden täglich – bei Tag und Nacht – zur Stelle, ohne Nachtzulage oder Feiertagszuschlag. Der größte Pflegedienst der Nation arbeitet unentgeltlich sieben Tage die Woche und fordert keinen Urlaub. Doch ihre Leistung bleibt für viele Menschen verborgen, da sie in den eigenen vier Wänden geschieht. So erhalten sie selten Anerkennung oder Aufmerksamkeit.

Wer Angehörige pflegt, nimmt häufig finanzielle Einbußen in Kauf. Muss die Arbeitszeit reduziert werden oder wird eine Familienpflegezeit in Anspruch genommen, sinkt das monatliche Einkommen in dieser Zeit. Das Pflegegeld bietet nur einen sehr geringen Ausgleich. Mit sinkendem Einkommen reduziert sich ebenfalls der Rentenanspruch, so dass die finanziellen Folgen auch langfristig spürbar bleiben. Auch liegt die Anrechnung der Angehörigenpflege für die Rente deutlich unter der Anrechnung für Kindererziehungs- und Betreuungszeiten (*Deutsche Rentenversicherung o. J.; 2013*).

Kaum jemand, der nicht selbst einmal mit der Thematik konfrontiert wurde, erahnt, was es bedeutet, sein Leben ganz auf eine hilfebedürftige Person einzustellen. Zudem setzen sich viele Menschen nur ungern mit Krankheit, Hinfälligkeit oder dem Tod auseinander und vermeiden Gespräche darüber. Pflegende Angehörige sind da, wo viele die Augen verschließen und so werden sie auch kaum gesehen.

Ohne auf den gebührenden Respekt oder Dankbarkeit der Gesellschaft zu warten, praktizieren pflegende Angehörige Menschlichkeit und Solidarität. „Die Würde des Menschen ist unantastbar“, lautet der erste Artikel des deutschen Grundgesetzes. Um pflegende Angehörige entsprechend zu würdigen, müssten soziale Tätigkeiten u. a. eine angemessene finanzielle Aufwertung erfahren. Kompetente Ansprechpartner sollten, auch in ländlichen Gegenden mit einer geringen Infrastruktur, zeitnah erreichbar und die Unterstützungsmöglichkeiten bezahlbar sein. Aufrichtige Anerkennung des hohen persönlichen Einsatzes könnte sich beispielsweise in der Ermöglichung persönlicher Freiräume durch erweiterte Unterstützungs- und Betreuungsangebote zeigen.

Pflegende Angehörige sind meist zu sehr eingebunden, um selbst auf ihre Bedürfnisse aufmerksam zu machen. Doch zunehmend formieren sich Bündnisse und richtungsweisende Vereinigungen, die als Sprachrohr für die Pflegenden agieren. So verfasste z. B. das Kuratorium Deutsche Altershilfe gemeinsam mit der Friedrich-Ebert-Stiftung im August 2013 einen nationalen Aktionsplan für Teilhabe, Pflege und Betreuung in dem u. a. eine wohnortnahe, personenorientierte, beteiligungsorientierte Versorgung im städtischen Quartier und in der dörflichen Gemeinschaft gefordert wird und mögliche Wege dorthin aufgezeigt werden (*Friedrich Ebert Stiftung, Abteilung Wirtschafts- und Sozialpolitik 2013*).

Die gesamtgesellschaftliche Verantwortung im Umgang mit dem zunehmenden Pflege- und Betreuungsbedarf rückte der Sozialverband VdK Deutschland e. V. mit der Kampagne „Pflege geht jeden an" bereits 2011 in die Öffentlichkeit. Unter Suchbegriffen wie z. B. „Interessen pflegender Angehöriger" oder „Pflegende Angehörige Netzwerke" finden sich diverse Interessenvertretungen im Internet, welche sich u. a. für die fehlende moralische und finanzielle Wertschätzung pflegender Angehöriger stark machen, Missstände aufgreifen oder pflegende Angehörigen darin bestärken in Politik, Wissenschaft und Pflege mitzubestimmen. Auch internationale Vereinigungen formieren sich, um z. B. die Zusammenarbeit verschiedener Interessengruppen pflegender Angehöriger und der Politik zu fördern.

2 Alltägliche Strapazen pflegender Angehöriger

„Was man nicht bespricht, das bedenkt man auch nicht recht.“
Johann Wolfgang von Goethe

Veränderungen im Tagesablauf

Denn sie wissen, was sie tun: Die Pflege eines Angehörigen stellt den gewohnten Tagesablauf auf den Kopf. Die neuen Aufgaben nehmen weder Rücksicht auf den persönlichen Biorhythmus, noch auf die persönliche Belastungsgrenze oder die Anforderungen des Berufslebens. Auch das Wochenende wird von der Pflege und Betreuung bestimmt. Das Führen eines zweiten Haushaltes verlangt ebenso Routine wie Feingefühl, zumal dazu auch die sensible Reduzierung möglicher Gefahrenquellen (wie Stolperfallen, Feuergefahren, vergessene Herdbenutzung, fälschliche Nutzung von Chemikalien etc.) gehören kann.

Ständige Anwesenheit: Für viele Pflegende tritt das familiäre und soziale Leben, häufig völlig unbemerkt, in den Hintergrund. Doch der fehlende Ausgleich belastet ebenso, wie die Notwendigkeit fortwährender Anwesenheit, welche eine Reduzierung oder schließlich gar die Aufgabe der Berufstätigkeit erfordern kann. Auch scheint keine Zeit für persönliche Interessen oder Hobbies mehr übrig zu bleiben.

Eine Angehörige erzählt:
„Mein Alltag hat sich grundlegend verändert. Ich habe mich immer gern geschminkt, aber nun reduziere ich aus Zeitgrün-

den meine eigene Körperpflege auf das Notwendigste. Selbst zur Toilette gehe ich nur unter Zeitdruck und meist öffne ich dabei die Tür, um mitzubekommen, was Mutter gerade tut. Meine Kleider und meine Lieblingsschuhe habe ich seit Ewigkeiten nicht mehr getragen. Ich bevorzuge jetzt praktische Kleidung, die funktionell und leicht zu pflegen ist. Ich schlafe keine Nacht mehr durch, weil ich sehr sensibel auf Geräusche reagiere und so schaue ich öfter nach, wie es Mutter geht. Ich sehne mich danach, endlich wieder einmal auszuschlafen, ohne Störung – aber ich will mich nicht beklagen. Meine Mutter steht jetzt einfach im Vordergrund.
Seit Kurzem kann ich Mutter nicht mehr allein lassen, sie ist schon ein paar Mal gestürzt. Aber irgendwann muss ich die ganz normalen Alltagsdinge doch erledigen: die Wäsche, den Einkauf, den Gang zur Bank oder zu Behörden! Mittlerweile ist mir selbst der Weg zum Briefkasten zu weit, wenn ich weiß, dass Mutter unbeaufsichtigt ist. Die Nachbarn fragen mich im Vorübergehen, wie es ihr geht. Es ist ja nett gemeint, aber sie erinnern mich nur noch mehr daran, dass ich zu Hause nach dem Rechten sehen muss."

Herausforderungen für Körper und Seele

Körperliche Herausforderungen: Fehlende Kenntnisse über rückenschonendes Arbeiten, ungeeignetes Inventar und mangelnde Ausgleichsbewegungen belasten das Skelett und können Muskelverspannungen oder Rücken- und Gelenkschmerzen nach sich ziehen. Eine gestörte Nachtruhe verhindert die nächtliche Erholung. Müdigkeit und Erschöpfung sind die Folge, begleitet von Gereiztheit, Niedergeschlagenheit, Kopfschmerzen oder Kreislaufstörungen. Fehlende oder unzureichende Regenerationszeiten verstärken die Symptome.

Manche pflegende Angehörige vergessen selbst, genug zu trinken, sich selbst sinnvoll und ausgewogen zu ernähren oder sie essen unkontrollierte Mengen. Magenschmerzen, Verdauungsstörungen, Gewichtszu- oder -abnahme können so das Allgemeinbefinden beeinträchtigen.

Umgang mit nachlassenden Fähigkeiten: Es kann quälend sein, hinnehmen zu müssen, wie einfachste Tätigkeiten das Mehrfache an Zeit benötigen, wie Fähigkeiten nachlassen, wie die Persönlichkeit sich verändert und die Demenz oder die körperliche Schwäche des Angehörigen zunimmt. Die Hilflosigkeit, nur da sein zu können und die Zeit gemeinsam mit dem Betreffenden durchzustehen, kann pflegende Angehörige verzweifeln lassen. Manche kompensieren diese Belastung durch betonte Fröhlichkeit, andere schweigend, wieder andere wütend oder unwirsch. Aushalten ist die schwerste Disziplin pflegender Angehöriger.

Ängste können die wenige freie Zeit beherrschen, die ein pflegender Angehöriger hat. Je diffuser die Ängste sind, umso machtvoller sind sie, lähmen das Denken und dämpfen die Stimmung. Auch Trauer um versäumte gemeinsame Erlebnisse oder um verpasste Gelegenheiten kann das Miteinander belasten.

Angemessene Unterstützung ohne zu bevormunden: Bisweilen ist es ein langer Prozess, bis Pflegebedürftige akzeptieren, dass sie Hilfe benötigen. Für pflegende Angehörige kann diese Zeit nervenaufreibend sein. Wie können sie ihren Lieben die Notwendigkeit, Hilfe anzunehmen, deutlich machen, ohne sie zu bevormunden? Manche Pflegebedürftige reagieren empört, verletzt, greifen ihre Angehörigen persönlich an, oder ziehen sich zurück. Viele Pflegende fühlen sich ohnmächtig angesichts dieses Dilemmas.

Eine schwierige Situation stellt sich auch ein, wenn sich der Pflegeempfangende durch seinen Wunsch, nicht zur Last zu fallen, zu viel zumutet, oder die Situation durch gut gemeinte aber unangemessene Mithilfe erschwert. Die pflegenden Angehörigen fühlen sich nun vielleicht gezwungen, bevormundender zu agieren als sie es möchten, um potenzielle Gefahren abzuwenden und begeben sich damit gleichzeitig in einen Konflikt mit dem Pflegeempfänger.

Erwartungen von allen Seiten: Überzogene Erwartungen befördern pflegende Angehörige bisweilen in ein weiteres Dilemma. Manchmal glauben außenstehende Personen zu wissen, was die pflegenden Angehörigen tun und wie sie handeln sollten und setzen diese damit unter Druck. Häufig liegen auch die Vorstellungen von Pflegeempfangenden und Pflegenden auseinander, z. B. darüber, wie der Haushalt geführt und wie viel Zeit miteinander verbracht wird, wie die gemeinsame Zeit genutzt werden kann oder welche weiteren Personen in die Pflegesituation eingebunden werden. Bleiben mögliche Erwartungen des Pflegeempfangenden darüber, von wem er gepflegt werden möchte jedoch unausgesprochen, können sich Verstimmungen an unwesentlichen Dingen entzünden und das Miteinander so erschweren.

In langjährigen Beziehungen und innerhalb der Familie, zeigen sich Menschen mit ihren ungefilterten Stimmungen und Eigenheiten. Manche setzen von ihren pflegenden Angehörigen voraus, dass sie sich über die Maßen einbringen, denn schließlich handelt es sich um die Familie. Tritt dagegen eine fremde (Pflege-) Person in den Alltag ein, zeigen viele Menschen sich, ebenso wie zu Beginn einer neuen Bekanntschaft, häufig selbstständiger, flexibler, ausgeglichener und die Ansprüche an diese außenstehenden Personen sind letztlich geringer als an direkte Angehörige.

Erwartungen an sich selbst: Auch persönlich hohe Erwartungen und ein unangemessener Perfektionismus können pflegende Angehörige belasten. Die Folge sind quälende Schuldgefühle aufgrund der Vorstellung, dass sie die Situation besser bewältigen sollten, dass sie mehr für ihre Lieben da sein müssten, dass sie sich persönlich nicht so wichtig nehmen sollten ... Das schlechte Gewissen treibt sie dazu, sich über ihre körperlichen und psychischen Kräfte hinaus einzubringen, und doch bleibt das Gefühl, dass es nie genug ist. Eine Ausnahme im täglichen Ablauf reicht oft schon, sich schlecht zu fühlen oder führt dazu, sich die Schuld dafür zu geben, wenn gerade dann eine Verschlechterung im Befinden des Pflegeempfängers auftritt.

Unterschiedliche Betroffenheit: Während der Pflegeempfangende sich mit seiner – möglicherweise dauerhaften – Abhängigkeit auseinandersetzen muss, erwartet den pflegenden Angehörigen aller Voraussicht nach ein Leben nach und neben der Pflege. Der Gefühlscocktail aus Mitgefühl und Erleichterung, der sich aus dieser Situation ergibt, ist nur schwer auszuhalten. Weder Verdienst noch Verschulden ist die Ursache für die Selbstständigkeit des einen oder den Pflegebedarf des anderen Familienmitglieds und doch bleibt oft die Frage nach dem „Warum?".

Nicht jeder Mensch fühlt sich wohl in der Rolle des Empfangenden und nicht jeder Mensch kann von Herzen geben. Alle Beteiligten müssen sich in der ungewohnten Situation neu finden. Dabei erlebt jeder Einzelne die Situation aus seiner Sicht und wird seine ganz persönlichen Bewältigungsstrategien nutzen, die nicht immer Verständnis bei der Umgebung hervorrufen.

Menschen werden von ihrer Umgebung geprägt. Wer täglich das Alter mit dem Einhergehen von Pflegebedürftigkeit oder Krankheit erfährt, neigt dazu, dies auf das Alter im Allgemeinen und auf die eigene Zukunft, den eigenen Lebensabend im Besonderen zu übertragen. Gedanken an die Zeit nach der Pflege, bzw. das eigene Alter können bedrückend sein, wenn man davon ausgeht, selbst pflegebedürftig zu werden.

Bevorstehender Abschied: Besonders in der Pflege älterer Verwandten bleibt die Konfrontation mit der Endlichkeit des Lebens nicht aus. Während junge und gesunde Menschen häufig so leben, als gäbe es keinen Tod, können sich pflegende Angehörige dem Tod als nahende Wirklichkeit nur schwer entziehen. Und auch, wenn der Verstand um den natürlichen Lauf des Lebens weiß, kann es bedrückend sein, die Hinfälligkeit eines vormals agilen Menschen mitzuerleben. Zu wissen, dass jeder Tag ein Stück Abschiednehmen bedeutet und dies hautnah zu erleben sind zwei völlig unterschiedliche Dinge. Der letzte Muttertag, die letzten Sommerblumen, der letzte Ausflug … nichts ist mehr selbstverständlich, nichts wird mehr so sein wie es war.

Die Auseinandersetzung mit dem nahenden Tod des pflegeempfangenden Angehörigen erinnert auch an die eigene Endlichkeit. Sterben die Eltern, rückt die nächste Generation dem Tod ein Stück näher.

Einschränkung des persönlichen Freiraums

Die Pflege und Betreuung von Angehörigen ist ein neuer Lebensabschnitt. Mit der Entscheidung für diese Aufgabe werden neue Schwerpunkte gesetzt, die in der Regel den persönlichen Freiraum der Angehörigen und ihre Zukunftsvisionen einengen. Zunächst sind gemeinsame Regeln und Werte im Miteinander zu finden. Dauert die Pflegesituation über einen langen Zeitraum an, müssen Zukunftsträume losgelassen und neue Perspektiven gefunden werden.

Alltagsverpflichtungen: Mit Beginn der Betreuung und Pflege passen sich viele pflegende Angehörige dem Alltag des Pflegeempfangenden an. Da dieser bereits aufgrund seiner Einschränkungen auf Annehmlichkeiten verzichten muss, möchten sie wenigstens seinen gewohnten Tagesablauf erhalten. In diese Struktur versuchen die Pflegenden nun ihre persönlichen Verpflichtungen einzubauen und so zwei, möglicherweise grundverschiedene, Lebensanschauungen miteinander zu verbinden.

Sie orientieren sich ebenso am Ruhebedürfnis des Pflegeempfangenden wie an seinen Einkaufsgewohnheiten. Mitunter führt die unterschiedliche Auffassung über die Dringlichkeit oder die Art der Ausführung zu hitzigen Diskussionen. Während Berufstätige es gewohnt sind Aufgaben zu bündeln, erfährt der Tag eines älteren Menschen beispielsweise gerade durch die Verteilung verschiedener Tätigkeiten Abwechslung und vermehrte Kontakte.

Pflegende Angehörige stellen eigene Empfindungen häufig hintenan. Dabei kann beispielsweise die Körperpflege der Eltern oder der Umgang mit der Harn- und Stuhlinkontinenz des Partners mit Scham, Angst oder Ekelgefühlen belastet sein. Das Überwinden persönlicher Grenzen im Rahmen der alltäglichen Aufgaben ist eine der schwierigsten Herausforderungen pflegender Angehöriger.

Jederzeit erreichbar sein, auch während, vor und nach einem anspruchsvollen Arbeitstag. Ungewohnte Pflegetätigkeiten durchführen und im Bedarfsfall selbstverständlich auch nachts zur Stelle sein. Die eigenen körperlichen Grenzen übergehen und den Geruch von Ausdünstungen verdrängen. Unangenehme Behördengänge übernehmen und das Beste für den Pflegeempfangenden erreichen. Vorwürfe überhören und immer ein offenes Ohr haben. Das eingeschränkte Familienleben akzeptieren, Familienmitglieder und Freunde auf unbestimmte Zeit vertrösten. Auf die eigene Privatsphäre verzichten und stets für den Pflegeempfangenden mitdenken.

Eine Angehörige erzählt

„Mich beunruhigt, dass ich so abgestumpft bin. Alles dreht sich nur noch um meine Mutter. Früher konnte ich mich stundenlang in ein gutes Buch vertiefen oder mit Freunden plaudern, ich war immer über das aktuelle Tagesgeschehen informiert und hatte viele Hobbies. Jetzt stehe ich nur noch mit dem Gedanken an Mutter auf und gehe mit ihnen ins Bett. Ich richte mein gesamtes Tagwerk nach ihren Bedürfnissen und träume nachts sogar von ihr. Manchmal fürchte ich, mich selbst zu verlieren. Ich weiß gar nicht mehr, was mich als Person eigentlich ausmacht."

Steht der Pflegeempfangende immer im Vordergrund, laufen pflegende Angehörige Gefahr, ihr persönliches Leben scheibchenweise aufzugeben und in einer gegenseitigen Abhängigkeitssituation zu verschmelzen. Werden Bedürfnisse dauerhaft unterdrückt, nehmen wir sie irgendwann nicht mehr wahr. Möglicherweise schwindet so ein Stück unserer Identität und wir vergessen, was wir brauchen oder was uns in unserem Leben wichtig ist.

Durchkreuzte Lebenspläne und Zukunftswünsche: Die Pflege von Angehörigen gehört selten zur Lebensplanung und nicht jeder Pflegende entscheidet sich aus freien Stücken für diese Aufgabe. Meist hoffen die Beteiligten auf eine vorübergehende Notwendigkeit der Pflege. Doch verändert sich die Persönlichkeit des Pflegeempfangenden, verschlechtert sich sein körperlicher Allgemeinzustand oder nehmen geistige Fehlleistungen zu, fallen mögliche Zukunftspläne schließlich in sich zusammen.

Eine Angehörige erzählt

„Wir sind zu Beginn von einer zeitlich begrenzten Pflegebedürftigkeit ausgegangen. Deshalb war es für mich selbstverständlich, mich für diese Zeit einzuschränken. Ich habe mir gedacht, ich kann mich später immer noch amüsieren und ausgehen. Ich bin ja noch jung, und wenn es Mutter wieder besser geht, wenn sich erst einmal alles eingespielt hat, wenn die Familie die Aufgaben unter einander teilt, wenn ich nicht mehr so müde bin oder wenn die Pflege dann nicht mehr nötig sein wird... Ja, erstens kommt es anders, zweitens als man denkt ... Ich weiß gar nicht mehr, was ich eigentlich will oder welche Möglichkeiten es „draußen" für mich gibt. Meine Zukunftspläne hatte ich zurückgestellt aber wenn ich ehrlich bin, habe ich sie mittlerweile aufgegeben. Wenn ich ein gesundes Kind hätte, wüsste ich, dass es eines Tages eigene Wege geht. Aber Mutter wird wohl Zeit ihres Lebens von mir abhängig bleiben. Da frage ich mich natürlich, ob ich ein Recht auf ein Leben außerhalb meiner Mutter habe. Ich denke mir oft, es ist leichter in einer Familie getrennte Interessen zu pflegen, wenn alle Beteiligten ihre eigenen Wege gehen können. Aber so bin ich genauso abhängig von meiner Mutter, wie sie von mir."

Die Angst vor weiterer Verschlechterung oder enttäuschte Hoffnungen auf Besserung der Situation können das Miteinander beherrschen. Es ist schwierig kleine Verbesserungen wahrzunehmen, wenn jeder Tag gleichförmig abläuft. Als Folge der als ausweglos empfundenen Situation können Verzweiflung, aber auch Aggressionen und Wut gegenüber dem Pflegeempfangenden auftreten.

Nicht selten werden diese Gefühle begleitet von Schuldgefühlen. Zudem hilft es nicht, jemandem die Schuld für die belastende Situation zu geben. Doch wohin mit den aufwühlenden Emotionen? Wie damit umgehen, dass sich lang gehegte Wünsche und Träume nicht erfüllen werden? Ist es möglich neue Zukunftsperspektiven aufzubauen, ohne den Pflegeempfangenden damit zu verletzen?

Veränderungen von Familie und Partnerschaft

Neuorientierung im Familienleben: Auch das Familienleben orientiert sich an dem Pflegeempfangenden. In der Folge fühlen Kinder und Partner sich vielleicht vernachlässigt oder erleben den pflegeempfangenden Großvater als Störfaktor, der in die zuvor geschlossene Familieneinheit eingedrungen ist. Es kann zu einem gefühlsmäßigen Gefälle kommen, indem sich die Gesunden als stark und den Pflegebedürftigen als schwach bewerten.

Bereits die Verteilung der neu entstehenden Aufgaben kann Spannungen innerhalb der Familie hervorrufen. Die Familienstruktur verändert sich und dies kann die Verbindung der Partner zueinander ebenso belasten, wie die Beziehung zu den Kindern. Ehe- und Erziehungsprobleme verstärken sich oder entstehen neu. Vielleicht war der Pflegeempfangende früher das wichtigste Bindeglied, der beste Ratgeber, der ausgleichende Streitschlichter in der Familie. Nun muss das Miteinander neu definiert werden und alle Beteiligten müssen sich mit der Situation auseinandersetzen, ob sie es wollen oder nicht.

Persönliche Angriffe: Unterschiedliche Vorstellungen darüber, wie die Unterstützung erfolgen sollte, können zu Streitigkeiten zwischen den Pflegenden und Pflegeempfangenden aber auch mit Dritten, nicht in den Alltag eingebundenen Personen führen. Unverständnis als Folge unrealistischer Vorstellungen entsteht häufig aus mangelnder Einsicht in das tägliche Geschehen. Oft fehlt es an Anerkennung für die pflegenden Angehörigen, denn niemand außer ihnen weiß, was sie wirklich tun.

Nicht selten bevorzugt und lobt der Pflegeempfangende besonders die weniger eingebundenen Familienmitglieder. Oder er mobilisiert bei Besuchen alle Kräfte und erscheint so deutlich selbstständiger und klarer, als zuvor berichtet wurde. Spannungen verstärken sich, das Unverständnis wächst, notwendige Unterstützung wird nicht angeboten, sondern die Betreuung und Pflege bleibt einer Person und diese sich selbst überlassen.

Veränderungen der Persönlichkeit: Partner und Familienmitglieder sind emotional miteinander verbunden. Man kennt einander und weiß unbedachte Äußerungen des Gegenübers normalerweise einzuschätzen. Doch je enger wir mit dem Anderen verbunden sind, desto schmerzhafter und persönlicher erleben wir die Veränderungen der Persönlichkeit. Wir bewerten wütendes oder abwehrendes Verhalten unserer Lieben als persönliches

Versagen. Unablässiges Weinen, krampfhaftes Festhalten oder das ständige Wiederholen der gleichen Fragen sind schwer zu ertragen, weil sich der bisher so vertraute Mensch vor den eigenen Augen in einen Fremden verwandelt.

Unterschiedliche Ursachen können zu depressivem oder aggressivem Verhalten des Pflegeempfangenden führen. Doch auch wenn die Gründe dafür erklärbar sind, stellt es eine Belastung für den pflegenden Angehörigen dar. Anders als professionell Pflegende, können sie den Patienten nicht zeitweise an jemand anderen übergeben oder im Kollegenteam „Dampf ablassen".

Den Partner pflegen: Benötigt der Partner Pflege, erfährt das vertraute Zusammenleben ungekannte Hürden. Ehemals eingespielte Rollen können sich verändern. Der bisher Umsorgende benötigt nun Hilfe bei den alltäglichsten Dingen, der bisher Passive muss nun die Zügel ergreifen und Entscheidungen treffen. Im Gespräch wird nicht mehr alles geteilt, aus Sorge, den anderen unnötig zu beunruhigen. Auch körperliche Intimität und die Sexualität verändern sich, wenn Körper und Geist des Pflegeempfängers nachgeben.

Beeinträchtigungen durch Krankheit oder Demenz haben direkten Einfluss auf die Konversation. Gesprächsthemen und Wortschatz werden begrenzter, so dass auch der pflegende Angehörige immer ungeübter im Führen von Unterhaltungen wird. Dialoge weichen Monologen, anregende Debatten erlahmen und werden zu einsilbigen Handlungsanweisungen, denen der Kranke am besten folgen kann.

Einbindung der Kinder: Womöglich fühlen sich die Kinder durch den Anblick von Krankheit und Hinfälligkeit bedrückt, insbesondere wenn die Erwachsenen nicht mit ihnen darüber sprechen. Aus eigener Hilflosigkeit sind manche Pflegende jedoch bemüht, ihre Kinder oder auch andere Verwandte fernzuhalten von Krankheit oder nahendem Tod. Was gut gemeint ist, verstärkt indes mögliche Schrecken und Ängste, die damit verbunden sind.

Andererseits werden Kinder in die Begleitung und Pflege eingebunden, häufig ohne an die Tätigkeiten herangeführt zu werden. Oft fehlen ihnen Erklärungen über verstörendes Verhalten oder Persönlichkeitsveränderungen des Pflegeempfangenden. Auf diese Weise allein gelassen, müssen sich die Kinder mit ähnlichen Sorgen und Ängsten auseinandersetzen wie erwachsene Betroffene, ohne auf stärkende Lebenserfahrungen zurückgreifen zu können.

Veränderte Beziehungen zu Freunden, Verwandten, Nachbarn und anderen

Obwohl wir in einer Zeit leben, in der soziale Kontakte schon längst nicht nur persönlich, Auge in Auge, stattfinden, leben pflegende Angehörige häufig isoliert. Wer rund um die Uhr gebraucht wird, ist abends vielleicht zu müde oder vergisst einfach zu telefonieren und sich in Erinnerung zu rufen. Die Begegnungen mit Freunden und Nachbarn schlafen ein. Einladungen, die mehrfach abgelehnt oder kurzzeitig abgesagt wurden, werden nicht mehr ausgesprochen. Besuche reduzieren sich auf kurze Gespräche an der Haustür. Besucher möchten nicht stören oder sind unsicher wie sie dem körperlich oder geistig veränderten Pflegeempfangenden gegenüber treten sollen.

Auch möchte nicht jeder Außenstehende belastende Geschichten hören. Wer nicht selbst pflegt, versteht selten was einen pflegenden Angehörigen umtreibt, welche Kreise die Gedanken ziehen und wie wichtig Anreize und Gespräche mit anderen Inhalten sind – auch, wenn der Austausch letztlich wieder im ursprünglichen Thema mündet. Außenstehende erleben pflegende Angehörige manchmal als Sonderlinge, die sich von der Welt zurückziehen. Dabei ist es häufig die Welt, die vor den Pflegenden und ihren Angehörigen zurückweicht.

Muss die Berufstätigkeit aufgegeben werden, schwindet allmählich auch diese Verbindung zur Außenwelt, die dem Leben eine weitere Dimension anbot. Der Arbeitsalltag ermöglichte ein erweitertes Blickfeld, Konflikte forderten argumentative Auseinandersetzungen, im Austausch erhielt der Betreffende eine Rückmeldung über seine Fähigkeiten, er erfuhr Erfolgserlebnisse und Wertschätzung.

Organisatorische Herausforderungen

Die Organisation des Pflegealltags ist schwierig, insbesondere wenn die Pflege auf den Schultern einer einzelnen Person lastet. Nicht jeder Pflegende ist vertraut mit den alltäglichen Verrichtungen wie Kochen oder Waschen oder ist in der Lage, sich um die Finanzen zu kümmern, dafür zu sorgen, dass die Heizöltanks gefüllt sind und die notwendigen Überweisungen getätigt werden. Zwar können über das Internet mittlerweile eine Fülle von Ratgebern und Informationen eingeholt werden, doch nicht jeder Pflegende ist geübt im Umgang mit diesem Medium. Zudem fordert die Familie ihr Recht und auch am Arbeitsplatz wird voller Einsatz erwartet.

Fehlende oder unzureichende Kenntnisse der praktischen Pflege erschweren die Aufgaben, die Überzahl an schwer verständlichen Anträgen und Formularen zermürbt. Dazu kommen finanzielle Belastungen durch Zuzahlungen der Pflegehilfsmittel. Die Unsicherheit darüber, welche Hilfsmittel den Betreffenden zustehen und wo welche Hilfsmittel erworben oder geliehen werden können wird verstärkt, wenn Pflegende und ihre Angehörigen sich nicht ausreichend beraten fühlen.

Wird der Antrag auf Einstufung in eine Pflegestufe abgelehnt, wagen manche Betroffene nicht zu widersprechen. Die Papierflut der zahlreichen Informationsbroschüren scheint bisweilen eher zu hemmen als zu unterstützen. Viele Anträge bringen langdauernde bürokratische Prozesse und Dokumente mit sich. Bisweilen kann auch der Eindruck entstehen, Beratungen seien mehr auf den Vorteil des Anbieters bedacht.

Kämpfen Pflegende in ländlichen Gebieten häufig mit einer unzureichenden Infrastruktur, wie der geringeren Anzahl von Pflegediensten, längeren Wartezeiten beim ärztlichen Notdienst etc., besteht in städtischen Gebieten die Gefahr anonymer Behandlung durch häufig wechselnde Haushalts- und Pflegekräfte. Manche Pflegeempfangende lehnen es zudem ab, sich von fremden Menschen bei der Körperpflege und anderen intimen Pflegesituationen unterstützen zu lassen oder tolerieren die Übernahme von häuslichen Tätigkeiten wie Kochen und Wohnungsreinigung nur von ihren Angehörigen.

Räumliche Einschränkungen

Damit der Pflegeempfangende weiterhin zuhause leben kann, ist oft eine Umverteilung der Räume nötig. Der wohnliche Lebensraum verwandelt sich in ein Pflegezimmer, geliebtes Inventar muss zugunsten von pflegerischen Utensilien weichen. Ein eigenes Zimmer kann womöglich nur dem Pflegeempfangenden zugestanden werden. Kinder, die ihr eigenes Reich gewohnt waren, teilen sich ein Zimmer oder das ehemalige Wohnzimmer wird zum Schlafzimmer der Eltern umfunktioniert.

Wenn die gewohnten Rückzugsorte fehlen kann die erzwungene Nähe auf Dauer belasten. Gegenseitige Störungen sind an der Tagesordnung, unterschiedliche Ruhe- und Beschäftigungsbedürfnisse prallen aufeinander. Vertrauliche Gespräche sind kaum möglich, da der Pflegeempfangende permanent in der Nähe ist. Selbst das Radio- und Fernsehprogramm wird nun auch von dem Pflegeempfangenden mitbestimmt.

Zudem sind nur wenige Wohnungen barrierefrei. Der Umgang mit Rollstuhl oder Rollator ist in beengten Räumen erschwert, in den Bädern fehlt es an Platz und Haltemöglichkeiten. Pflegerische Unterstützung wird häufig durch bauliche Hindernisse und Enge erschwert, was zu blauen Flecken und Rückenbeschwerden führen kann. Bauliche Veränderungen müssen bezahlt werden und für Hilfsmittel sind auch nach Abzug der Zuzahlungen Kosten zu tragen.

Niedrige Sitzgelegenheiten erschweren das Aufstehen und Hinsetzen. Zusätzliche Materialien müssen untergebracht werden. Raumtemperatur und frische Luftzufuhr werden auf die Bedürfnisse des Pflegeempfangenden abgestimmt. Pflegespezifische Gerüche sind deutlich wahrnehmbar.

Begrenzte finanzielle Möglichkeiten

Die Leistungen aus der Pflegeversicherung können den Wegfall des monatlichen Einkommens nicht ausgleichen, wenn die Berufstätigkeit eingeschränkt oder beendet werden muss um für den Pflegeempfangenden da zu sein. Kosten für Umbauten, Inkontinenzmaterialien, Medikamente, Zusatzkosten für Tätigkeiten der ambulanten Pflegedienste oder bei Tageseinrichtungen usw. fallen an. So werden finanzielle Reserven angegriffen bis letztlich der Gang zum Sozialamt ansteht. Liegt kein monatliches Einkommen vor, reduziert sich zudem auch der spätere Rentenanspruch.

Eine Angehörige erzählt

„Als mein Vater noch lebte, kamen meine Eltern mit der Rente gerade so zurecht, aber nun … Wir müssen an allen Ecken und Enden sparen. Mittlerweile übernehme ich auch einen Teil der laufenden Kosten, aber jetzt, wo ich nicht mehr arbeiten kann, wird das Geld ganz schön knapp. Ich verzichte sogar auf meine geliebten Friseurbesuche und meine Spezialhandcreme und wenn ich es zeitlich irgendwie einrichten kann, koche ich frisch, weil das günstiger ist. So hat das wenigstens sein Gutes, denn Mutter mag ohnehin keine Fertiggerichte.“

3 Herausforderung oder Mühsal? – Eine Frage der persönlichen Bewertung

„Wir können den Wind nicht ändern,
aber wir können die Segel richtig setzen.“
Aristoteles

Woran erkennt man Belastungen?

Belastung ist subjektiv: Die andauernde Verantwortung für einen pflegeempfangenden Verwandten hat Einfluss auf alle Lebensbereiche der Pflegenden. Die körperliche und psychische Beanspruchung kann dabei als anregend oder als belastend erlebt werden. Im allgemeinen Sprachgebrauch ist der Begriff „Belastung“ meist negativ besetzt. Die Arbeitspsychologie dagegen definiert Belastungen als sämtliche Einflüsse, die in der jeweiligen Situation auf uns einwirken und die hilfreich oder erschwerend wirken können.

Denn wir empfinden Belastung, aber auch Gesundheit und Krankheit subjektiv. Jeder Mensch erlebt und bewertet sein Befinden individuell und so sind auch die Überzeugungen darüber, wie wir das Leben bewältigen können, unterschiedlich. Während sich manche Menschen in einer Lebenssituation bald ohnmächtig und handlungsunfähig fühlen, sehen andere Menschen in der gleichen Situation eine willkommene Herausforderung oder ein bereicherndes Ereignis, das sie in ihrer persönlichen Entwicklung fördern kann. Ob wir uns gesund oder krank, belastet oder einfach gefordert fühlen, ist also auch eine Frage der inneren Einstellung.

Vergleichen bedeutet oft, zu verlieren: Es ist hilfreich, das eigene Empfinden nicht zu bewerten. Definiere ich mich als „wenig belastbar“ kann diese Etikettierung mir wie ein Makel anhaften, ich fühle mich hilflos und schwach. Definiere ich mich dagegen als „hoch belastbar“ mute ich mir womöglich mehr zu, als ich zu bewältigen vermag. Es gilt, die für mich gesunde Mitte zu finden.

Bewertungen sind nur im Vergleich denkbar. Doch es hilft mir nicht, mich mit anderen Menschen zu vergleichen, da jeder Mensch unterschiedlich empfindet und über unterschiedliche Fähigkeiten und Ressourcen verfügt. Es ist ebenfalls nicht nützlich, mich besser oder schlechter im Umgang mit Belastungen einzuschätzen als meinen Nachbarn. Schließlich kann ich nur mit meinen Möglichkeiten handeln. Was hilft ist, hilfreiches Denken und Verhalten von anderen zu lernen, Anregungen in meine Situation einzubringen und auszutesten, ob sie mir von Nutzen sein können.

Was Sie als Belastung empfinden, entscheiden Sie für sich selbst. Jeder Mensch hat seine eigene Belastungsgrenze, die zudem bei verschiedenen Aktivitäten oder in unterschiedlichen Situationen variabel ist.

Allgemeine körperliche Belastungszeichen: Unser Körper ist ein wahres Wunderwerk. Ohne, dass wir es merken, atmen, stoffwechseln und verdauen wir. Unsere Zellen erneuern sich, unser Herz pumpt Blut durch unseren Körper, unsere Leber entgiftet, unsere Nerven nehmen Sinnesreize auf, die im Gehirn verarbeitet werden. Sind wir gesund und ausgeglichen, nehmen wir all unsere Körperfunktionen kaum wahr.

Konnten wir uns jedoch einer Erkältung nicht erwehren, rücken Nase und obere Atemwege mit einem Mal in unsere Wahrnehmung. Haben wir ein zu üppiges Mahl genossen, leiden Schlaf und Verdauung. Eine ungewohnte Beanspruchung der Muskeln fordert ihren Tribut und spätestens am nächsten Tag erhalten wir die Rückmeldung unseres Leibes in Form eines Muskelkaters.

Neben körperlichen Ursachen können auch seelische Anstrengungen ihren Ausdruck in körperlichen Zeichen finden. Verliebtheit kann Schmetterlinge im Bauch verursachen und Liebeskummer Herzschmerzen. Angst vor der Schulaufgabe kann sich als Bauchweh, Zweifel in Form von Schlafstörungen und drängende Probleme können sich als Verdauungs- oder Rückenbeschwerden zeigen.

Einmalige und kurzzeitige Körpersymptome sind meist harmlos. Häufen sich die Symptome jedoch, oder tritt eines mehrfach auf, ist es sinnvoll, ärztliche Beratung zu suchen. Typische Überlastungssymptome sind beispielsweise Rückenschmerzen, Muskelverspannungen, Gelenkschmerzen, Schlafstörungen, ständige Müdigkeit, Kopfschmerzen, Schwindel, Hautjucken, deutliche Gewichtszu- oder -abnahme, Appetitlosigkeit, Heißhunger, Magen- oder Verdauungsbeschwerden, unklare Schmerzen, Infektanfälligkeit, sexuelles Desinteresse …

Allgemeine psychische Belastungen: Die dauerhafte Pflegebedürftigkeit eines Familienmitglieds oder des Partners stellt eine immense emotionale Herausforderung dar (→ Kap. 2). Häufig werden beunruhigende Gefühle wie Wut, Ärger, Frustration, Angst, Schuldgefühle, Hoffnungslosigkeit etc. verdrängt. Ihren Ausdruck finden sie z.B. in Gereiztheit oder aufbrausendem Wesen, plötzlichen Wutausbrüchen, anhaltend bedrückter oder weinerlicher Stimmung, Freudlosigkeit, Vergessen eigener Arzt- oder Freizeittermine, Desinteresse an Themen, Dingen oder Menschen, die früher wichtig waren, vermehrtem Gebrauch von Alkohol, Nikotin oder Medikamenten, Leistungsabfall und vermehrten Fehlern, Konzentrations- und Merkschwierigkeiten.

Eine Liste mit möglichen körperlichen oder psychischen Belastungssymptomen finden Sie in Kapitel 9. Jedes Symptom verdient Aufmerksamkeit und wenn Sie es verstärkt an sich bemerken, sollten Sie mit Ihrem behandelnden Arzt oder einer Person Ihres Vertrauens darüber sprechen.

Mögliche Folgen von Belastungen

Jeder Mensch entwickelt im Laufe des Lebens seine für ihn typischen Strategien in der Bewältigung schwieriger oder herausfordernder Situationen. Manche Strategien erweisen sich als hilfreich, andere als erschwerend. Doch je häufiger sie angewandt wurden, umso leichter erscheinen sie uns.

Was vertraut ist, erscheint meist einfacher, auch wenn es objektiv gesehen nicht einfacher ist.

Akzeptanz oder Zustimmung: Wird die Übernahme der Pflege und Betreuung aus freien Stücken als eine von mehreren Alternativen gewählt, kann die Situation als ein neuer Lebensabschnitt betrachtet werden, die nicht nur Einschränkungen sondern auch neue Möglichkeiten des Miteinanders mit sich bringt. Die Prioritäten ändern sich, wenn die gemeinsame Zeit endlich und somit kostbar wird. Die Übernahme ungewohnter Rollen und Aufgaben innerhalb der Familie oder Partnerschaft ermöglicht es allen Beteiligten, sich auf ungewohnte Weise kennen zu lernen. Niemand weiß, wozu er fähig ist, solange er nicht vom Leben dazu aufgefordert wird. Rückblickend bewerten viele Menschen die Pflegezeit als bereichernd und wertvoll. Einige von ihnen nutzen diesen Lebensabschnitt als Impuls für eine berufliche Neuorientierung in der Pflege.

Es kann ein gutes Gefühl sein, gebraucht zu werden, insbesondere von einem Menschen, dem man sich nah verbunden fühlt. Einen Menschen im Leben zu begleiten kann sehr bereichernd sein, wenn die Beteiligten einander Verständnis entgegenbringen. Ist der Pflegeempfangende jedoch nicht in der Lage, Verständnis zu zeigen, bedarf es einer großen Portion Respekt, Selbstachtung und Frustrationstoleranz des pflegenden Angehörigen, um mit dieser Situation zurecht zu kommen.

Disharmonien in Beziehungen: Menschen sind soziale Wesen. Handeln oder Unterlassen und auch das persönliche Empfinden und Erleben hat Auswirkungen auf uns selbst und auf unsere Mitmenschen. Wann immer sich in einer Gruppe von Menschen eine Änderung ergibt, hat dies Auswirkungen auf den Einzelnen und auf die gesamte Gruppe. Manifestieren sich die Belastungen in körperlichen, seelischen oder psychischen Symptomen der pflegenden Angehörigen, verändert sich die Beziehung der Personen untereinander.

Eine gereizt oder weinerlich wirkende Pflegeperson wird dem Pflegeempfangenden und anderen Familienmitgliedern anders gegenübertreten, als eine fröhliche oder ausgeglichene Person. Die Reaktion des Gegenübers beeinflusst wiederum das Verhalten der Pflegenden und so geht es weiter. Auf diese Weise nimmt die Überlastung von Pflegenden unbewusst Einfluss auf die Reaktion der umgebenden Personen. In der Folge fühlen Pflegende sich zunehmend unverstanden, reagieren verletzt oder verärgert. Unstimmigkeiten nehmen zu, die Bereitschaft Dritter zuzuhören sinkt, wodurch sich die betreffenden Pflegenden in ihrer einsamen Position bestätigt sehen und sich zurückziehen.

Nicht immer ist das Verhältnis der Beteiligten ungetrübt. Vielleicht sind alte Verletzungen aus Kindheit und Jugend noch nicht verheilt, wurden nie angesprochen oder verziehen und belasten das Miteinander. So zum Beispiel wenn eine MS-kranke Tochter mit ihrem unehelichen Kind wieder zu ihren Eltern zieht, welche der Tochter ihren Lebenswandel nie verziehen haben. Oder wenn ein Vater, der seinen Sohn früher aus dem Haus geworfen hat, nun vollständig auf diesen angewiesen ist.

Ängste: Die umfassenden Anforderungen der Fürsorge können auch Ängste hervorrufen, welche den pflegenden Angehörigen zusätzlich belasten. Dabei sind unklare, allgemeine Angstgefühle schwer zu bekämpfen. Je konkreter eine Angst beschrieben werden kann, desto konkreter kann man ihr entgegenwirken.

Es ist **wenig hilfreich** zu sagen: „Ich weiß nicht, wie ich das alles schaffen soll!" Diese allgemein gehaltene Aussage kann Ängste hervorrufen oder verstärken, denn ohne konkrete Angaben ist es kaum möglich, eine Lösung der Situation zu finden.
Hilfreicher ist die folgende Aussage: „Ich weiß nicht, wie ich die Kinder von der Schule abholen, den Einkauf erledigen, kochen und gleichzeitig mit Vati zum Arzt fahren soll!"

Diese konkrete Auflistung macht deutlich, dass die Aktionen nicht zur gleichen Zeit erledigt werden können. Nun kann überlegt werden, ob eine weitere Person unterstützen, der Arzttermin verschoben, einige Aufgaben während des Arzttermins erledigt oder z. B. außer Haus gegessen werden kann.

Machen Sie sich Ihre Ängste bewusst. Gemeinsam mit Ihrem behandelnden Arzt oder einer Person Ihres Vertrauens können Sie die Botschaften der Ängste entschlüsseln und herausfinden, was Sie benötigen. So verlieren die Ängste ihren Schrecken und können stattdessen Wegweiser für Sie sein.

Eine Beschreibung möglicher Ängste finden Sie in Kapitel 9. Vervollständigen Sie die Liste und finden Sie heraus, was Sie brauchen, um angstfrei zu werden.

Hilflosigkeit: Wer sich aufgrund von Abhängigkeiten in eine familiäre Pflegebeziehung begibt, sieht keine Perspektive und fühlt sich ohnmächtig. Der Gedanke, keine Handlungsmöglichkeiten zu haben und der Situation völlig ausgeliefert zu sein, kann deprimieren oder auch Wut hervorrufen.

Auch mögen nicht alle Verwandten einander und so prägen unterschwellige Spannungen deutlich spürbar den täglichen Umgang. So erfährt eine Schwiegertochter, die von den Schwiegereltern niemals akzeptiert wurde und nun das Ruder in Haushalt und Alltag übernimmt, womöglich täglich Ablehnung und muss sich erniedrigende Kommentare ihrer pflegeempfangenden Schwiegermutter anhören.

Selbstverurteilung: Menschen bewerten ihr Handeln nach ihrer eigenen Moral.

Manche Pflegende suchen die Schuld für mögliche Belastungszeichen bei sich selbst. Sie fühlen sich moralisch zur unermüdlichen Freundlichkeit bis hin zur Aufopferung verpflichtet. Ihr Selbstwertgefühl sinkt, weil sie ihr Versprechen nicht klaglos erfüllen. Möglicherweise isolieren sie sich von anderen Menschen, um ihnen mit ihren Problemen nicht zur Last zu fallen, oder weil sie glauben, ihre Hilfe und ihren Trost nicht zu verdienen. Diese Strategie ist problematisch weil Menschen, die sich selbst wenig wertschätzen sich in der Regel ebenso schwertun, andere Menschen wertzuschätzen.

Machtmissbrauch und Gewalt

„Noch nie war einer glücklich, welcher Unrecht tat."
Euripides

Marshall B. Rosenberg, der Begründer der Gewaltfreien Kommunikation, sagt, Gewalt entstehe aus dem Glauben, dass andere Menschen unsere Schmerzen verursachen und dafür Strafe verdienen (*Rosenberg 2011, 168*). Fehlt oder mangelt es in pflegerischen, medizinischen und alltäglichen Belangen dauerhaft an Unterstützung, kann die Überlastung dazu führen, dass unbewusst ein Schuldiger gesucht wird. Ärger wird zu Wut und Zorn auf den Pflegeempfangenden, als dem Auslöser der Belastung, die sich im schlimmsten Fall in Lieblosigkeiten bis hin zu Gewalt offenbart.

Gewohnte Machtverhältnisse kehren sich um. So werden über die Pflegesituation möglicherweise „alte Rechnungen" beglichen. Andererseits können gefestigte Beziehungsmuster weitergeführt werden. Beinhaltet der familiäre Umgang beispielsweise gewalttätiges Handeln, wird daran auch in einer Pflegesituation festgehalten. Nicht verziehene Familienkonflikte oder Gewalterfahrungen aus der Vergangenheit können auflodern. Wer nie gelernt hat Gefühlsausbrüche zu kanalisieren, wird dieses Verhalten auch als Pflegender nicht ablegen können. Möglicherweise eskalieren bereits vorhandene oder durch die Pflege entstandene Schwierigkeiten in der Beziehung zueinander.

Die wenigsten Menschen möchten ihren Angehörigen bewusst Gewalt antun. Dem Erschrecken über das Ausagieren von Gewalttätigkeiten schließen sich daher meist Schuldgefühle an. Aus Scham und Angst verurteilt zu werden, vertraut man sich niemandem an. Fehlende Unterstützungsmöglichkeiten verstärken die Hilflosigkeit. Ein Teufelskreis kann entstehen: die Gefühle stauen sich an, finden ihre Entladung wieder in einer Gewalthandlung, Schuldgefühle stellen sich ein, die Hilflosigkeit verstärkt sich.

Wann spricht man von Gewalt?

Die auf den ersten Blick so eindeutig auf der Hand liegende Definition muss feinfühlig erfolgen, denn Gewalt in der Pflege ist selten drastisch und augenscheinlich. So hat der Gewaltausübende nicht immer zum Ziel, dem anderen zu schaden. Und ebenso geht Gewalt nicht stets von dem scheinbar Starken aus.

Grundsätzlich ist zu unterscheiden, ob Gewalt in der Absicht zu helfen oder in der Absicht zu schädigen vorliegt. Wer einen Menschen absichtlich schädigt oder riskiert, ihm mit seinen Handlungen zu schaden, der übt Gewalt aus.

Gewalt gegenüber Pflege-Empfängern

Gewalt kann sich in unterschiedlichsten Facetten zeigen. Wer z. B. notwendige Tätigkeiten verzögert oder unterlässt, wie Toilettengänge, Essensdarreichung oder Lagerungen, wer nicht auf berechtigtes Rufen reagiert oder den Pflegeempfangenden bewusst und unnötig lange warten lässt, vernachlässigt ihn absichtlich. Nicht nur wer Geld oder Wertgegenstände entwendet, übt finanzielle Gewalt aus, auch wer Geld für Pflegeleistungen erpresst, den Pflegeempfangenden zu Eigentumsübertragungen nötigt oder ihm verweigert über das eigene Geld zu verfügen.

Wird der Pflegeempfangende eingeschüchtert, lächerlich gemacht, beschimpft, angebrüllt oder bevormundet, liegt ebenso psychische Gewalt vor, wie wenn der Pflegende nur das Notwendigste redet oder schweigt, Türen knallt, den Pflegeempfangenden von oben herab behandelt, seine Wünsche ignoriert, Telefon und Klingel außer Reichweite gibt, seine Bewegungsfähigkeit einschränkt, ihm Hörgerät oder Brille, seine Rechte auf Außenkontakte oder selbständige Bestimmung der Schlafenszeiten verweigert.

Nicht nur, wer den Pflegeempfangenden grob anfasst, ihn schlägt oder kneift, übt körperliche Gewalt aus. Auch, wer ihn zum Essen zwingt oder ihn vorsätzlich zu heiß oder zu kalt duscht, wer bewusst falsch dosierte Medikamente verabreicht, wer absichtlich schlechte Gerüche belässt oder dem Betreffenden das Essen reicht, während dieser auf dem Toilettenstuhl sitzt, verhält sich gewalttätig. Ebenso zeigt sich sexuelle Gewalt nicht nur in sexuellen Übergriffen, sondern u.a. in der absichtlichen Missachtung von Schamgefühlen oder unnötiger Zurschaustellung des Intimbereichs.

Bisweilen ist eine gewaltbereite Haltung bereits in verbalen Entgleisungen sichtbar, daher kann der Umgangston als ein Indikator für die Wertschätzung des Pflegeempfangenden betrachtet werden. Respektvolles Verhalten drückt sich beispielsweise darin aus, den Pflegeempfangenden in Unterhaltungen mit einzubeziehen, statt über ihn zu berichten als wäre er nicht anwesend. Auch in der Wortwahl im Gespräch mit Dritten wird Achtung deutlich.

Wer seinen erwachsenen Angehörigen schätzt, wird ihn nicht „füttern" wie ein Tier oder „windeln" wie einen Säugling. Er wird erwachsenengerechte oder vertraute Worte wählen, um den Pflegeempfangenden morgens nicht „fertig zu machen", sondern ihn bei der Morgentoilette unterstützen. Er wird ihn nicht kränken, indem er ihm ein „Lätzchen" umbindet und ihn anregt „schön" aufzuessen und „fein Pippi" zu machen. Einen Angehörigen wertzuschätzen drückt sich auch darin aus, ihn weiterhin als vertraute Person und nicht als „Pflege-Fall" zu sehen.

Gewalt gegenüber Pflegenden Angehörigen

Bisweilen geht Gewalt auch von dem Pflegeempfangenden aus. Nicht genug, dass pflegenden Angehörigen mitunter weder Dankbarkeit noch Anerkennung entgegengebracht wird. Auch lassen manche Pflegeempfangende kein gutes Haar an denen, die sie pflegen. Sie nörgeln an allem herum, schimpfen, schmeißen Dinge herum, kratzen, beißen oder schlagen um sich. Manche Pflegende werden mit regressivem Verhalten konfrontiert, müssen zusehen, wie ihre Angehörigen das Bett absichtlich mit Kot verschmieren oder mutwillig auf den Teppich urinieren. Solche

Schikanen bringen häufig eine Gewaltspirale in Gang, ein Wort ergibt das andere, eine Handlung provoziert die nächste.

Gewalt zieht Gewalt nach sich

Wer keine Möglichkeiten sieht, seine Emotionen auf andere Weise auszudrücken, kann sie irgendwann nicht mehr kontrollieren. Doch mit jeder gewalttätigen Handlung sinkt die Hemmschwelle es wieder zu tun. Aus einer vereinzelten verzweifelten Reaktion kann eine gewohnheitsmäßige Entlastungsreaktion werden. Reicht das Anbrüllen eines Tages vielleicht nicht mehr, wird das Gegenüber härter als nötig angefasst. Der Bann ist gebrochen.

> Eine Beschreibung abwertender Aussagen und Handlungen, die als gewalttätig eingestuft werden, finden Sie in Kapitel 9. Kommt Ihnen manches vertraut vor? Haben Sie ähnliche Gedanken oder Handlungen an sich festgestellt? Erzählen Sie Ihrem behandelnden Arzt oder einer Person Ihres Vertrauens davon. Gemeinsam können Sie Wege finden, Ihre Gefühle ernst zu nehmen und andere, hilfreiche Handlungsmöglichkeiten zu lernen.

Aggressionen entkräften

Belastende Gefühle anerkennen

Manchmal offenbart schon die Wortwahl den inneren Gefühlszustand, so z. B. ob man glaubt etwas tun zu „müssen“ oder zu „wollen“. Entscheidungen, wie die Fürsorge für einen Angehörigen zu übernehmen, werden häufig durch Emotionen beeinflusst. Gefühle entstehen spontan und manchmal sind sie überschießend, wir können sie nicht beeinflussen. Sie sind frei von Wertungen und unterliegen keiner moralischen Instanz. Erst unsere Gedanken legen fest, ob wir ein Gefühl als „angenehm" oder „belastend" identifizieren, wobei diese Bewertung individuell erfolgt.

Entscheidend ist letztlich, ob unsere Empfindungen für die Ausrichtung unseres Handelns hilfreich sind.

Denn in unseren Taten zeigt sich, ob wir verantwortlich handeln. Belastende Gefühle sind Hilferufe. Werden sie gehört, können die dahinter stehenden Bedürfnisse entschlüsselt werden. Wer sich seiner Gefühlsreaktionen bewusst ist, statt sie zu verdrängen, hat damit einen Schlüssel, um fürsorglich mit sich und seiner Umwelt umzugehen.

Gewalt vorbeugen bzw. frühzeitig aufhalten

Persönliche Gewaltprävention beginnt damit, die eigenen Bedürfnisse ernst zu nehmen und für sich selbst Sorge zu tragen. Sachkenntnisse, Entlastungen durch Hilfsangebote und Austausch mit anderen Betroffenen, das Weiterführen von Freundschaften und Interessen, finanzielle Stützen, Hilfsmittel und eine regelmäßige Überprüfen der eigenen Befindlichkeit usw. sind wirksame Maßnahmen.

Es ist wichtig, beginnende Aggressionen in Wortwahl, Unterlassungen oder gar aktiven Handlungen zu erkennen, ohne die Aggression in Form von Selbstvorwürfen gegen sich zu richten. Verantwortung zu übernehmen und gegenzulenken ist hilfreicher, als sich schuldig zu fühlen. Darüber zu sprechen ist unangenehm aber notwendig, um etwas zu ändern. Zwar gibt es kein Patentrezept. Lösungen können nur gemeinsam gefunden werden und nur im Blick nach vorne. Doch sich gegenseitig wertschätzen, auch einmal darauf verzichten Recht zu haben und bereit sein, sich zu versöhnen sind wirkungsvolle erste Schritte.

Jeder der erlebt, wenn Grenzen überschritten werden, sollte beherzt einschreiten. Wird die Situation lösungsorientiert entschärft, gehen alle als Gewinner aus der Situation hervor.

Eine Nachbarin erzählt

Beim gemeinsamen Kaffeetrinken erlebe ich, wie Frau M. ihrem Mann wiederholt das Besteck aus der Hand nimmt und ihm einen leichten Klaps auf die Hand gibt: „Du bekleckert Dich nur wieder.“, schimpft sie dabei ärgerlich. „Das macht doch nichts! Du solltest mal meine Enkelin sehen wenn sie Möhrenbrei isst.“, lenke ich ab und verwickele das Ehepaar in ein humorvolles Gespräch. Später biete ich Frau M. an, ihr einmal in der Woche bei der Hausarbeit zu helfen, denn ich weiß oft gar nicht, was ich den ganzen Tag über machen soll.

Professionelle Beratung und Begleitung kann dabei helfen zu erkennen, welche Bedürfnisse sich hinter abwertenden Gedanken, Worten oder Verhalten verbergen. Es gibt zahlreiche Notruftelefone, die Pflegeempfangenden und ihren Angehörigen mit Rat und Anlaufstellen in der Umgebung zur Seite stehen und im Internet u. a. unter den Suchbegriffen „Pflege Not Gewalt“ aufgerufen werden können.

Mutmaßungen hinterfragen

Wer sich lange kennt, glaubt häufig zu wissen, was der andere denkt. Gleichzeitig entstehen viele Konflikte, weil etwas anders gemeint war, als verstanden wurde. So kann ein Kompliment („Du siehst heute bezaubernd aus!“) als Aufforderung übersetzt werden, etwas zu tun („Was will er von mir?“). Selbst ein sachlicher Hinweis („Es regnet.“) kann als bevormundend aufgefasst werden („Ich werde schon wissen, wann ich einen Regenschirm brauche!“). Und manchmal trifft Unmut einfach denjenigen, der gerade zugegen ist. Statt sich zu ärgern ist es also hilfreich, nachzufragen, was der Andere mit seiner Aussage meint.

Kurzfristige Notbremsen

Was wir nicht wahrhaben wollen, wird unterschwellig mächtig und bestimmt unser Handeln. Wer wütend ist, fasst unbewusst härter zu, wer sich schuldig fühlt übergeht seine eigenen Grenzen immer wieder. Um dies zu vermeiden ist es unabdingbar auch unerwünschten Gefühlen Beachtung zu schenken und sie z. B. einem Außenstehenden anzuvertrauen oder außerhalb der Pflegesituation auszuagieren. Was spricht dagegen, seinen Frust in den Wald zu schreien? Vielleicht hilft es auch gezielt auf ein Kissen zu schlagen oder einen zügigen Spaziergang zu machen.

Wenn Sie ärgerliche Anspannung an sich beobachten, besinnen Sie sich einen Moment auf den angespannten Teil des Körpers und lassen Sie die Spannung mit jedem Atemzug ein wenig mehr los (→ Kap. 5). Fühlen Sie sich abgespannt und traurig, erlauben Sie sich einen Moment des Innehaltens und denken Sie an etwas aus Ihrer persönlichen Schatztruhe (→ Kap. 5). Manchmal ist es hilfreich, die Situation kurz zu verlassen und ein paar Mal tief durchzuatmen (→ Kap. 5).

Diese Notbremsen ersetzen keine intensive Auseinandersetzung mit den belastenden Gefühlen, jedoch ermöglicht die Unterbrechung wieder einen bewussteren und fairen Umgang mit einander.

Vergangenes loslassen

Wird deutlich, dass die nun umgekehrte Abhängigkeit für einen engen Angehörigen belastende Erinnerungen hervorruft, ist es wichtig, diese außerhalb der Pflegesituation zu bearbeiten. Auch wenn der heute Pflegeempfangende den Pflegenden früher bewusst oder unbewusst verletzte – für das tägliche Miteinander ist es nicht hilfreich, ihn für Vergangenes büßen zu lassen, das er vielleicht vergessen oder verdrängt hat, oder das für ihn eine ganz andere Bedeutung hatte. Jede einzelne Verletzung erfolgte nur einmal, doch absurderweise verletzen wir uns selbst um ein Vielfaches weiter, indem wir unerbittlich daran festhalten.

Sprechen Sie mit einer Person Ihres Vertrauens, vielleicht einem guten Freund oder Ihrem Arzt. Auch in der Aussprache mit ähnlich Betroffenen (→ Kap. 6) können Sie Verständnis, emotionale Unterstützung und Erleichterung erfahren.

Die tägliche Fürsorge für enge Angehörige kann dazu beitragen, alte Verletzungen zu heilen und loszulassen. Früheres Verhalten zu verstehen hilft zu verzeihen und entlastet mehr als Groll und Rache. So hilft es manchmal, gemeinsam über die Verletzungen zu sprechen. Bisweilen ist es jedoch effektiver, die Vergangenheit hinter sich zu lassen und den Augenblick zu genießen. Die Vergangenheit ist vergangen und nicht mehr zu ändern.

Klare Grenzen setzen

Agiert ein pflegeempfangender Angehöriger gewalttätig, ist einfühlsame Klarheit angezeigt. Zunächst wird zeitnah, ruhig, mit eindeutigen und wertschätzenden Worten mitgeteilt, welches Verhalten oder welche Aussagen verletzend wirken (z. B. „Ich bin traurig, wenn Du nach mir schlägst, weil ich Dir eigentlich helfen wollte, in Deinen geliebten Garten zu gehen.“). Anschließend wird der Wunsch an das Gegenüber formuliert (z. B. „Sag mir das nächste Mal, wenn Du nicht aufstehen magst oder ich etwas falsch mache.“) und die Grenzen unmissverständlich dargelegt (z. B. „Ich akzeptiere auf keinen Fall, von Dir geschlagen zu werden. Ich will vernünftig mit Dir reden.“). Im Anschluss sollte man konsequent bleiben und sich bei Bedarf Unterstützung holen.

Üben Sie im Vorfeld, sich im Gespräch mit anderen Menschen abzugrenzen, indem sie öfter einmal „Nein“ sagen, ohne sich dafür zu rechtfertigen. Oder räumen Sie sich Bedenkzeit ein. Ein starkes Selbstbewusstsein schafft Klarheit und wirkt häufig bereits auf der nonverbalen Ebene.

Was motiviert Menschen dennoch, ihre Angehörigen zu pflegen?

Zur Pflege kommen Menschen häufig zufällig – weil sie da sind, wenn ihre Angehörigen Pflege benötigen. Eine bewusste Entscheidung und damit das Abwägen der vorhandenen Fähigkeiten, Kenntnisse und Kräfte zum Bedarf und den Erwartungen, fehlen meist zu Beginn. Selten sind pflegende Angehörige ausreichend auf die Pflegezeit und häufige Alltagsprobleme vorbereitet.

Bisweilen steht der Wunsch nach Anerkennung oder dem Gefühl, ein guter Mensch zu sein, hinter der Fürsorge. Vielleicht wird die Betreuung des Pflegeempfangenden zum alleinigen Lebensinhalt des Pflegenden und strukturiert dessen Alltag. Der Pflegende gewinnt an Selbstbestätigung und nimmt sich selbst als bedeutend und wohltätig wahr. Auch Schuldgefühle, ein vor langer Zeit getätigtes Versprechen oder Mitleid können zu der Entscheidung führen.

Mitunter wirken Ängste vor einer fremden Umgebung oder dem Alleinleben als Gründe für eine Weiterführung der Pflege. Denn mit dem Umzug des Pflegeempfangenden in eine Pflegeeinrichtung würde sich zugleich das eigene Leben erneut grundlegend ändern. Möglicherweise fehlt auch das Vertrauen in die Pflegeeinrichtungen und ihre Mitarbeiter, verstärkt durch bedrückende Berichte in den Medien.

Manchmal erfolgt die Übernahme der Pflege schlichtweg aufgrund mangelnder Alternativen. Alternativlosigkeit kann zu Resignation führen, auch sehen sich viele Pflegende außerstande neben dem anstrengenden Alltag nach weiteren Möglichkeiten Ausschau zu halten. Auch Abhängigkeit oder finanzielle Notlagen können zur Pflegeübernahme führen. Manche Menschen erleben zudem eine innere Genugtuung, wenn sich die bisherigen Abhängigkeiten durch die Pflegebedürftigkeit umkehren. Oder sie nutzen die Abhängigkeit zu ihren Gunsten, um sich finanzielle Vorteile zu verschaffen.

Doch für die meisten pflegenden Angehörigen stellt sich die Frage nicht, ob sie persönlich zu dieser Aufgabe in der Lage sind. Sie empfinden eine moralische Verpflichtung gegenüber ihren Verwandten, insbesondere wenn diese sich wünschen so lange wie möglich zu Hause bleiben zu können. Für viele Pflegende ist und bleibt die Pflege und Betreuung jedoch eine Selbstverständlichkeit, ein Ausdruck ihrer Liebe und Zuneigung, eine Möglichkeit zu danken und einen Ausgleich für all das zu schaffen, was sie bisher von ihren Lieben empfangen durften.

4 Sich selbst wertschätzen

„Habe Geduld in allen Dingen, vor allem aber mit Dir selbst."
Franz von Sales

Viele pflegende Angehörige neigen dazu, den Pflegeempfangenden an die erste Stelle zu setzen und sich selbst zurückzunehmen. Doch nur, wer seine Energiespeicher regelmäßig auffüllt, ist auf Dauer in der Lage zu geben und sich selbst dabei wohl zu fühlen. Dann gewinnen beide: der Pflegende gibt das, was er schenken kann mit Freude und der Pflegeempfangende fühlt sich nicht in der Schuld des Pflegenden.

Wer sich selbst schätzt, achtet die eigene Geschichte und betrachtet die Antriebe für sein Handeln aufrichtig. Wer sich selbst schätzt sorgt gut für sich, auch und gerade wenn das Leben besonders schwere Pakete geschnürt hat. Wer sich selbst schätzt, weiß um die eigenen Sorgen und Schwachstellen und ist wohlwollend mit sich selbst. Wer sich selbst schätzt, kennt seine Kraftquellen und findet Mittel und Wege, daraus zu schöpfen.

Warum ich pflege

Reflektieren hilft, die persönlichen Beweggründe zu verstehen

Werden Sie sich Ihrer innersten Beweggründe bewusst, gewinnen Sie im wahrsten Sinne des Wortes an Selbstbewusstsein. Ist die Motivation klar, kann eine bewusste Entscheidung getroffen werden. Eine bewusste Entscheidung benötigt die Bereitschaft, sich sowohl den eigenen Fähigkeiten, wie auch fehlenden Kenntnissen oder Fertigkeiten zu stellen. Erst dann können Unsicherheiten angesprochen und gezielte Unterstützungsangebote eingebunden werden.

Nehmen Sie sich etwas Zeit und fragen Sie sich, warum Sie Ihren Angehörigen pflegen. Eine Auswahl möglicher Beweggründe, die Pflege eines Angehörigen zu übernehmen finden Sie in Kapitel 9. Vervollständigen Sie die Liste bei Bedarf und finden Sie Ihre persönliche Motivation heraus. Vermeiden Sie dabei, Ihre Beweggründe moralisch zu bewerten. Nehmen Sie einfach wahr, was Ihnen durch den Kopf geht.

Möglicherweise entdecken Sie, dass Ihre Entscheidung für die Pflege unbewusst von Angst, Schuldgefühlen, Rachegedanken o. ä. beeinflusst wurde. Sie können neu überdenken, ob Ihre Motive förderlich sind, um die Fürsorge für Ihren Angehörigen zu übernehmen oder was Sie brauchen, um diese Aufgabe respektvoll und im Sinne Ihres Angehörigen umzusetzen.

Vielleicht haben Sie sich zu Beginn mehr Anerkennung, Dankbarkeit, Mithilfe, Verständnis, mehr Erfüllung oder mehr persönlichen Freiraum bei dieser Aufgabe erhofft. Nutzen Sie die Gelegenheit und fragen Sie sich, ob Sie mit der derzeitigen Situation, so wie sie ist, einverstanden sind. Falls nicht, kann es sein, dass Sie dies Ihren Angehörigen unbewusst spüren lassen (→ Kap. 5).

Wagen Sie es, Ihre Motivation zu hinterfragen. Was bedeutet es für Sie, wenn Sie beispielsweise sagen: „Ich pflege sie / ihn, weil sie meine Mutter / mein Mann ist.“? Fühlen Sie sich verpflichtet, gedrängt oder abhängig von Ihrem Angehörigen oder möchten Sie durch die Fürsorge Ihre Liebe und Dankbarkeit ausdrücken? Nehmen Sie auch hier Ihre Empfindungen einfach wahr, ohne sie zu bewerten. Zu einer bewussten Entscheidungsfindung gehört es, auch die unangenehmen Triebfedern miteinzubeziehen.

Es ist nicht hilfreich, sich wegen Gefühlen für schuldig zu halten. Aber es kann reinigend sein, sich über seine Gefühle klar zu werden.

Möglicherweise erkennen Sie bei dieser Innenschau, dass Sie bei allen Anstrengungen auch einen Gewinn aus der Situation ziehen. Sei es, dass Sie sich gut dabei fühlen, dass Sie einen neuen Lebenssinn gefunden haben, dass Sie aus einem belastenden Arbeitsverhältnis entkommen, dass Sie neue Seiten an sich kennen lernen, dass Sie die Beziehung zu Ihren Angehörigen neu gestalten und intensivieren, dass Sie in Angehörigengruppen neue Freundschaften schließen, dass nun endlich Sie das Sagen haben usw. Bisweilen kann der Gewinn auch darin bestehen, dass man ein schlechtes Gewissen oder zusätzliche Kosten bei einem Heimeinzug vermeidet. Erlauben Sie sich hinzuschauen, was Sie von der Situation haben. Was im Leben ist schon nur schwer oder leicht, hat nicht alles mindestens zwei Seiten?

Die Motivation ist entscheidend

Motivation entsteht aus uns selbst heraus und überwindet Bedenken und Hindernisse. Menschen, die sich aktiv und bewusst für eine Aufgabe entscheiden, agieren selbstbestimmt. Wer sich dagegen als Spielball höherer Gewalt sieht, macht sich selbst handlungs- und entscheidungsunfähig. Das Gefühl von Ausweglosigkeit stellt für Pflegende ebenso wie für pflegeempfangende Angehörige eine große Belastung dar. Wer also keine Alternative zur Pflege zu Hause sieht, wird sich auf Dauer nur schwer motivieren können (*GKV-Spitzenverband 2011, 26*).

Eine Entscheidung zu treffen bringt Konsequenzen mit sich. Manchmal scheint es leichter, die Verantwortung auf die Anderen oder die Umstände zu schieben. Und selbst wenn wir dies tun, haben wir uns dafür entschieden. Jede Nichtentscheidung beinhaltet zudem die Akzeptanz der gegebenen Umstände. Zufrieden sind die meisten Menschen jedoch nur dann, wenn sie selbst entscheiden.

Sie werden Ihren Pflege-empfangenden Angehörigen z. B. nur dann zum Aufstehen motivieren können, wenn er selbst es auch möchte. Ist das nicht der Fall, sitzt er vielleicht am Tisch, im Grunde wünscht er sich jedoch nichts weiter als wieder im Bett zu liegen. Sie haben Ihren Angehörigen zwar mobilisiert – aber nicht motiviert! Können Sie jedoch an seinem Wunsch, z. B. den geliebten Garten zu besuchen, anknüpfen, wird er die beschwerliche Mobilisation gerne auf sich nehmen.

Wenn Sie die Liste mit möglichen Beweggründen aus Kapitel 9 bearbeitet haben, greifen Sie nun Ihre wichtigste Motivation heraus und notieren Sie diese. Betrachten Sie Ihre wichtigste Motivation anschließend unter folgender Frage:
Ist meine Motivation hilfreich, meinen Angehörigen fürsorglich zu betreuen und zu pflegen?
Sprechen Sie mit Ihrem behandelnden Arzt oder einer Person Ihres Vertrauens über mögliche belastende Beweggründe und suchen Sie gemeinsam nach einer Lösung, die für Sie und Ihren pflegeempfangenden Angehörigen hilfreich ist.

Wer ausschließlich alleine versucht, eine erschwerte Situation zu bewältigen, dreht sich mit seinen Gedanken im Kreis. Vielleicht glauben Sie, früher nicht ausreichend für Ihren Angehörigen dagewesen zu sein – doch möglicherweise empfindet Ihr Angehöriger das nicht so. Im Austausch mit anderen lässt sich leichter abwägen, ob ein Gedanke wahr ist oder ob er nur die eigene Vorstellung der Wahrheit bestätigt.

Vielleicht sind Sie nach der ehrlichen Innenschau auch enttäuscht. Manchmal nehmen wir uns zu viel vor, wir verdrängen unangenehme Emotionen oder reden uns ein, keine andere Wahl zu haben. Doch wir haben immer eine Wahl – nur sind wir häufig nicht mit den Wahlmöglichkeiten oder den jeweiligen Konsequenzen einverstanden. Erkennen Sie die Enttäuschung in ihrem wörtlichen Sinn: die Täuschung ist aufgehoben. Ganz gleich ob wir von uns selbst oder von anderen enttäuscht wurden – jetzt können wir unsere Situation mit klarem Blick betrachten und unsere Möglichkeiten nutzen.

Dankbarkeit wirkt versöhnend

Nicht immer können wir uns an dem erfreuen, was wir in uns entdecken. Manchmal entdecken wir Verhaltensweisen, Gedanken oder Wünsche an uns, die im Widerspruch zu unserer Vorstellung von einem guten Menschen stehen. Sich selbst aufrichtig zu hinterfragen ist keine Garantie dafür zu finden, was man erwartet oder erhofft.

Der größte Schatz der Selbstreflexion liegt in der Selbsterkenntnis. Wer sich seiner selbst bewusst ist, lernt sich selbst zu verstehen und zu verzeihen und kann Nachsicht mit sich walten lassen. Wie viele Menschen machen sich selbst das Leben schwer, weil sie etwas von sich erwarten, was sie nie erfüllen können. Sich selbst realistisch ein-zu-schätzen kann mit tiefer Dankbarkeit erfüllen und lässt letztlich auch die Eigenheiten unserer Mitmenschen nachsichtig betrachten.

Eine umfassende Reflexion beinhaltet die Bewusstmachung der Dinge, für die wir dankbar sind. Der Umfang einer persönlichen Dankbarkeitsliste kann erstaunen, beginnt man erst einmal damit. Zudem rückt ein dankbarer Blickwinkel unsere Lebensumstände in ein anderes Licht und versöhnt so vielleicht mit einigen empfundenen Ungerechtigkeiten.

Machen Sie es sich zur Gewohnheit, sich täglich zu bedanken. Vielleicht finden Sie ein Schreibbuch mit einem schön gestalteten Umschlag, das Sie gerne in die Hand nehmen. Notieren Sie dort, wann immer Ihnen etwas einfällt, alles, wofür Sie dankbar sind. Mit diesem Dankbarkeits-Tagebuch schaffen Sie sich eine greifbare Erinnerung an all die Geschenke, die Sie in Ihrem Leben empfangen durften.

Beispielhafte Dankbarkeits-Notizen finden Sie in Kapitel 9. Seien Sie kreativ und bedenken Sie alle großen und kleinen Ereignisse, die Ihnen Freude machen.

Für mein Wohlbefinden sorgen

Zeit für mich erlauben

Um sich von unangemessenen Erwartungen und Vorstellungen zu befreien, erlauben Sie sich, diese ohne Skrupel zu entsorgen. Dabei ist es gleichgültig, wie die Entsorgung stattfindet, solange Sie sich mit der Methode wohl fühlen. Sie können die hinderlichen Gedanken beispielsweise auf einen Zettel notieren und diesen anschließend zerreißen, verbrennen, in der Toilette hinunterspülen oder im Abfall zwischen Kaffeesatz und Bananenschalen verrotten lassen. Gewöhnen Sie sich ein Ritual an, das Ihnen entspricht und wenden Sie dies von nun an immer an, wenn hinderliche Gedanken Sie belasten.

Wenn Sie wissen, was Ihnen Freude bereitet und wofür Sie dankbar sind, wird es Ihnen leichter fallen aufzulisten, was Sie brauchen, um mit sich selbst fürsorglich zu sein.

Formulieren Sie Ihre Wünsche ganz konkret. Hören Sie auf Ihr Innerstes, ohne zu bewerten ob Ihre Bedürfnisse angemessen oder übertrieben sind und entsorgen Sie Ihre Bedenken. Alles, was Sie nicht fordern, werden Sie mit Sicherheit nicht bekommen. Sie können also nur gewinnen. Ergänzen Sie anschließend konkret, was Sie tun und wen Sie einbinden können, damit Ihre Bedürfnisse erfüllt werden. Nun gehen Sie systematisch vor und setzen Ihre Maßnahmen Schritt für Schritt um. In Kapitel 9 finden Sie dazu Formulierungsbeispiele.

Erholungsinseln im Tagesablauf aufspüren

Jeder noch so angefüllte Tag birgt Möglichkeiten des Innehaltens (→ Kap. 5). Vielleicht sind es nur kurze Momente, doch wenn wir ihre Bedeutsamkeit erkennen, spenden sie Energie und heben unsere Stimmung. Das belebende Gefühl der morgendlichen Dusche, der Anblick eines Familienfotos, der Geschmack des noch warmen Frühstückeis, fröhliches Vogelzwitschern, fünf Minuten einfach nichts tun und den Blick in die Ferne schweifen lassen, der Duft von frisch gebackenem Kuchen, die wohlige Wärme unter der Wolldecke, die Umarmung der besten Freundin, eine mitreißende Melodie, das Knistern von Herbstlaub unter den Füßen, die Wartepause an der Einkaufskasse, ein Fußbad am Abend, ein Telefonat mit den Enkeln … Sie bestimmen die Vielfalt Ihrer Erholungsinseln.

Erlauben Sie sich, Familienmitglieder, Freunde oder Nachbarn in Ihren Alltag einzubinden (→ Kap. 6). Jede Handreichung, jede Viertelstunde, die Ihr Angehöriger mit einer anderen Person verbringt, erlaubt Ihnen ein Stück persönlichen Freiraums. Sie haben Anspruch darauf, sich selbst gegenüber fürsorglich zu sein.

Vielleicht etablieren Sie einen festen Tag in der Woche, an dem Sie für eine bestimmte Zeit persönliche Dinge tun oder Freunde treffen.

Je selbstverständlicher Sie auf sich achten, umso bedenkenloser wird Ihre Umgebung Sie dabei unterstützen, weil sie den positiven Effekt auf alle Beteiligten erfahren. Nutzen Sie die Zeit z. B. um einen Spaziergang an der frischen Luft zu tätigen, Sport zu treiben, Kontakte zu pflegen, Arzttermine wahrzunehmen, Hobbies zu leben, Zeit mit der Familie zu verbringen, sich zu entspannen oder zu lesen. Stärken Sie so Ihre eigenen Ressourcen, indem Sie sich auf sich selbst besinnen.

Persönliche Träume und Vorsätze zugestehen

Jeder Mensch nimmt im Leben verschiedene Rollen ein. Wir sind gleichzeitig Partner, Eltern, Kinder, Mitarbeiter, Vorgesetzter, Verkehrsteilnehmer, Besucher, Kunde und vieles mehr. Mit jeder Rolle sind typische Erwartungen an uns verknüpft. So erwarten Ehepartner von einander vermutlich einen liebevollen Umgang, Kinder erwarten von ihren Eltern Verständnis, pflegeempfangende Angehörige erwarten z. B. dauerhafte Verfügbarkeit usw. In dem Bemühen den verschiedenen Erwartungen gerecht zu werden, werden die eigenen Bedürfnisse und Träume bisweilen hintenangestellt.

Sich für einen überschaubaren Zeitraum zurückzunehmen ist meistens machbar. Um die eigene Zufriedenheit bei einem dauerhaften oder zunehmenden Fürsorgebedarf zu erhalten ist es jedoch hilfreich die Situation und ihre Prognose realistisch einzuschätzen und mit den eigenen Wünschen für die Alltagsgestaltung und die gemeinsame Zukunft zu vergleichen. Es kann sein, dass Lebensentwürfe umgeschrieben werden müssen und von lang gehegten Vorstellungen über die Gestaltung des Rentenalters Abschied genommen werden muss. Umso wichtiger ist es, sich neue Ziele im Leben zu setzen, in denen die persönlichen Träume zumindest teilweise verwirklicht werden können.

Gibt es etwas, das Sie sich schon lange vorgenommen aber immer aufgeschoben haben? Vielleicht ist es ein Arbeitsplatz oder eine Ausbildung, die Ihnen Freude bringen und Ihr finanzielles Auskommen sichern. Vielleicht ein regelmäßiger Abend in der Woche, den Sie exklusiv mit Ihrem Partner verbringen oder eine kleine Auszeit unter Palmen. Möchten Sie eine neue Sprache lernen, Städte bereisen, Theater und Konzerte besuchen, regelmäßig Sport treiben, Ihr berufliches Wissen an Jugendliche weitergeben, sich politisch engagieren …? Besinnen Sie sich darauf, was Ihnen persönlich zutiefst wichtig ist.

Ist Ihr Ansinnen einmal ausgesprochen fällt es vermutlich leichter Möglichkeiten der Verwirklichung zu erkunden.

Solange niemand Ihr Anliegen kennt, kann Sie niemand dabei unterstützen, es in die Tat umzusetzen.

Durch die Pflegebedürftigkeit werden in erster Linie die Prioritäten Ihres Angehörigen verändert. Doch bedeutet dies, dass auch Sie von nun an all Ihre Wünsche und Träume aufgeben müssen? Denn für sich selbst zu sorgen bedeutet auch Kraft zu schöpfen und so mit neuem Optimismus für Ihren Angehörigen da sein zu können.

Nehmen Sie ein leeres Blatt und schreiben Sie alles auf, was Sie sich zutiefst wünschen. Ignorieren Sie innere Bewertungen wie „Unsinn“, „unrealistisch“ oder „absurd“ und schreiben Sie, bis kein Wunsch übrig bleibt.

Manchmal tut es gut, sich etwas von der Seele zu schreiben. Sie können die Wunschliste beiseitelegen oder nach ein paar Tagen unter der Frage betrachten, ob Sie etwas tun können, um die Wünsche zu verwirklichen. Vielleicht wählen Sie einen Wunsch und überlegen Schritt für Schritt, was Sie benötigen um ihn wahr werden zu lassen.

5 Die eigene Gesundheit festigen

„Da es für die Gesundheit sehr verträglich ist,
habe ich beschlossen, glücklich zu sein."
Voltaire

Dieselbe Situation wird von verschiedenen Menschen unterschiedlich empfunden. Auch die persönliche Belastungsgrenze verändert sich je nach Aktivität und Situation. Nehmen wir an, Sie empfinden einen fünfzehnminütigen Arbeitsweg zu Fuß als belastend, während eine zweistündige Bergwanderung erholsam und energiespendend auf Sie wirkt. In beiden Situationen bewegen Sie sich an der frischen Luft, verbessern Ihre Kondition oder treffen auf Menschen mit denen Sie ein freundliches Wort wechseln usw. Konzentrieren Sie sich bei Ihrem nächsten Arbeitsweg nun auf diese angenehmen Aspekte. Vermutlich wird sich Ihre Stimmung heben und die Belastung des Arbeitsweges reduziert sich. Die Erkenntnis, dass die eigene Einstellung die Wahrnehmung bestimmter Situationen bestimmt, können Sie auch auf andere Belastungen Ihres Alltags anwenden.

Verstehen wir die Sprache unseres Körpers, so können wir Belastungssymptome als Hinweis verstehen, etwas ändern zu müssen, anstatt sie als zusätzlichen Angriff zu werten. Häufig zeigt uns unser Körper, was zu tun ist. Dieses Wissen drückt unsere Sprache deutlich aus, wenn uns z. B. etwas „auf den Magen schlägt", „die Luft nimmt", „den Schlaf raubt" oder „eine Last ist" (→ Kap. 3).

Hilfreiche Gewohnheiten annehmen

„Nichts ist mächtiger als die Gewohnheit."
Ovid

„Der Mensch ist ein Gewohnheitstier", sagt ein weises Sprichwort. Und so versanden die meisten Silvestervorsätze schon kurz nach Neujahr, da es leichter ist, mit altbekannten Gewohnheiten fortzufahren, als sich neue Gewohnheiten anzueignen. Je komplizierter und umfassender die neuen Gewohnheiten sind, desto schwieriger wird ihre Umsetzung. Darum ist es sinnvoll, hilfreiche Gewohnheiten anzunehmen, die leicht umzusetzen sind und bereits nach kurzer Zeit wohl tun. Hilfreiche Gewohnheiten sind z. B.:

- Morgens nach dem Aufstehen 5 Minuten dehnen, strecken oder ein paar gymnastische Übungen durchführen.
- Die erste Tasse Tee oder Kaffee wie ein gutes Glas Wein genießen: die vertraute Farbe und den anregenden Duft wahrnehmen, die wohltuende Temperatur mit den Händen fühlen und jeden Schluck bewusst schmecken.
- Sich vor einer Pflegetätigkeit in wenigen Augenblicken auf sich selbst besinnen.
- Täglich mindestens einmal frisches Obst, Salat oder Gemüse zu sich nehmen.
- Sich jeden Tag mindestens fünf Minuten mit einem anderen Menschen als dem Angehörigen unterhalten.
- Täglich sein Spiegelbild anlächeln.
- Täglich ein Dutzend tiefe Atemzüge an der frischen Luft.
- Abends vor dem Einschlafen drei positive Erlebnisse des Tages rekapitulieren.
- Jedem belastenden Gedanken einen positiven Gedanken zur Seite geben.
- Täglich einen Witz lesen.
- Sich täglich einen kleinen Wunsch erfüllen …

Diverse Anregungen für hilfreiche Gewohnheiten finden Sie in Kapitel 9. Wählen Sie eine Methode aus, die Ihnen am meisten zusagt und gewöhnen Sie sich am besten zunächst nur eine neue Gewohnheit an. Ist diese erfolgreich gefestigt, wählen Sie erneut eine weitere Gewohnheit. So haben Sie schnell Erfolge und gewöhnen sich schrittweise daran, hilfreiche Gewohnheiten anzunehmen. Bedenken Sie auch, dass Rückschläge, gerade in der Anfangsphase völlig normal sind und machen Sie mit dem weiter, was Ihnen gut tut.

!

Glauben Sie an sich – das ist die erste hilfreiche Gewohnheit!

Situationen umdeuten

Viele Menschen wissen schon vor einem Erlebnis, ob es ihnen gefallen wird oder nicht. Diese vorgefasste Überzeugung lässt sie nur die Argumente wahrnehmen, die ihr Vor-Urteil bestätigen und so behalten sie meistens Recht. So erklärt sich auch, warum verschiedene Menschen eine identische Situation völlig unterschiedlich bewerten.

Oma und Enkelin
Enkelin Clara erklärt ihrer Oma voller Begeisterung die Funktionen ihres neuen Handys. „Das ist kinderleicht, Omi!“. Frau A. schüttelt den Kopf: „Kind, diese vielen Symbole und Tasten, das ist mir zu kompliziert!“

Wenn wir davon ausgehen, dass jede Situation zunächst neutral ist, sind wir es, die ihr einen Stempel – positiv oder negativ, richtig oder falsch, hilfreich oder belastend – aufdrücken. Wir können uns also auch zu einer aufmunternden Sichtweise entschließen, ganz im Sinne von: „Wer weiß, wozu es gut ist!". Schließlich haben wir alle schon Situationen erlebt, über die wir im Nachhinein dankbar oder bestürzt waren. Diese Erkenntnis zeigt, dass wir vorher definitiv nicht wissen können, ob eine Entscheidung oder ein Erlebnis „gut" oder „schlecht" für uns ist.

Was wir jedoch wissen ist, dass eine ermutigende Einstellung hilft, auch belastende Situationen mit einem guten Gefühl zu durchleben. So kann es hilfreich sein, sich die Vorteile einer Situation bewusst zu machen, die wir gefühlsmäßig ausschließlich als nachteilig für uns bewerten. Dieses Umdenken geschieht nicht von allein, es ist ein Prozess, der ein wenig Übung benötigt.

Üben Sie sich darin, täglich für ein Erlebnis, das Ihnen unangenehme Gefühle verursacht hat, zwei positive Aspekte zu entdecken.

Meist sind Verallgemeinerungen die Ursache für unangenehme Gefühle. Ein einmaliges Erlebnis wird als Maßstab für alle folgenden Situationen gesetzt, insbesondere, wenn die Erfahrung als „negativ" bewertet wurde. Vielleicht ist jemand einmal bei der Programmierung seines Fernsehers gescheitert. Die Überzeugung „Ich kann das nicht!" führt nun bei manchen Menschen dazu, dass sie kategorisch jede technische Handlung innerlich abwehren. In der Folge sind sie so unwillig und unkonzentriert, dass der eigene Glaube bei jedem weiteren Versuch bestätigt wird.

Ändern Sie von nun ab jedes Mal Ihren Gedanken „Das kann ich nicht" in den Gedanken „Das kann ich noch nicht!". So setzen Sie ein Gegengewicht und verändern Schritt für Schritt Ihre Sicht auf die Dinge.

Haben Sie Überzeugungen, die Ihnen ein ungutes Gefühl oder schlechte Laune vermitteln, die Sie in Ihren Handlungen einschränken und bedrücken? Trainieren Sie diese Überzeugungen so umzuformulieren, dass Ihnen ein angenehmes, ermutigendes Gefühl folgt und denken Sie diesen neuen Gedanken von nun an jedes Mal bewusst, wenn der altbekannte beschwerende Gedanke auftaucht.

Ein Anrufer erzählte im Radio voller Begeisterung, er verstehe nicht warum Mücken nur als Plage angesehen würden. Seit er gehört habe, das Summen ihrer 500 Flügelschläge in der Minute käme dem Kammerton A sehr nahe, habe er Hochachtung vor diesen winzigen Tieren. Dies zeigt erneut: Es gibt immer verschiedene Sichtweisen!

Jede Situation kann positiv oder negativ bewertet werden und wir allein bestimmen über die Sichtweise, die wir von den Dingen haben.

Es kann sehr lustig sein, sich vorzustellen, wie alles, was wir kennen ganz anders sein könnte: was wäre z. B. wenn die Eier quadratisch wären, wenn schmutzige Kleidung sich selbst waschen würde, wenn Urin nach Himbeersaft duftete usw. Probieren Sie diese Denkweise einmal aus, indem Sie einige eher unwichtige Situationen, die bisher nur negative oder abwertende Gefühle in Ihnen ausgelösten, nun absichtlich positiv beurteilen. Wenn Sie sich beispielsweise häufig darüber ärgern, dass Ihre Nachbarn schräg einparken, bemerken Sie nun, dass der Ärger Sie für einen Moment von Ihren Alltagssorgen abgelenkt hat.

Rendezvous mit nützlichen Lösungen

Die Lösung im Blick haben

Wer sich gedanklich ständig mit einer Schwierigkeit, einem Problem oder einer Situation, die er nicht haben will beschäftigt, wird Experte für genau diese Schwierigkeit, dieses Problem bzw. diese ungewollte Situation. Er kennt jede kleinste Feinheit des Dilemmas – jedoch keine Lösung.

Hinderliche Überfürsorge

Frau L. hat Angst ihrer Mutter beim Transfer aus dem Bett wehzutun. Vor lauter Sorge redet sie unablässig, worauf ihre Mutter mürrisch und ungeduldig beginnt alleine aufzustehen. Dabei ist sie bereits mehrfach gestürzt. Da Frau L. es nicht wagt ausreichend fest zuzupacken, fühlen sich beide unsicher und sorgen sich vor jedem erneuten Transfer. Bei hektischen Bewegungen ihrer Mutter zuckt Frau L. zusammen, jegliche Berührung begleitet sie mit einer vorbeugenden Entschuldigung. Sie bittet ihre Mutter „nicht hinzufallen“, „keine großen Schritte“ und „nicht so schnelle Bewegungen“ zu machen und rät ihr „keine Angst“ zu haben. Es gelingt ihnen kein unbekümmerter Transfer, da die Sorge vor Schmerzen oder einem Sturz ständiger Begleiter geworden ist.

Das Vorgehen gemeinsam besprechen
Frau L. spricht bei einer Tasse Kaffee mit ihrer Mutter darüber, wie der Transfer idealerweise gelingen sollte. Gemeinsam beraten sie, wie lange die Mutter an der Bettkante sitzen möchte, um Kraft zu sammeln und den Kreislauf ins Lot zu bringen, welche Hilfe sie wünscht und was sie selbst tun kann, welche Berührungen ihr schmerzfrei Halt geben, welche Hilfsmittel in Reichweite stehen müssen und so weiter. Vielleicht besprechen sie, dass die Mutter den Transfer anzählt („eins, zwei …) und sie bei „drei“ aufsteht. Frau L. bittet ihre Mutter, sich „festzuhalten“, „kleine Schritte“ und „ruhige Bewegungen“ zu machen und darauf „zu vertrauen“, dass der Transfer gelingt. Mutter und Tochter fühlen sich nun wohl und kommen dem gemeinsamen Ziel näher: einem sicheren und schmerzfreien Transfer.

Es ist hilfreich, sein Bewusstsein ganz auf das Gelingen auszurichten und sich detailliert mit den nützlichen Lösungen zu beschäftigen. Denken wir an das, was wir erreichen wollen, werden wir erfinderischer und öffnen uns vielleicht für ungeahnte Möglichkeiten. Dies zeigt sich bereits in unserer Wortwahl. Allgemeine Aussagen beispielsweise sind selten wahr, dennoch können sie zermürben (z. B. „Ich bin zu krank / zu alt / zu dumm …“, „Es ist zu schwer / zu viel / zu teuer …“, „Man weiß doch, dass …“).

Lösungsorientiertes Denken dagegen besticht durch konkrete und vor allem machbare Ziele, zu denen konkrete Maßnahmen formuliert werden können.

Tab. 1: Konkrete Maßnahmen zur Zielerreichung

Unsere Ziele ...	... erreichen wir z. B. durch:
Mein Rücken bleibt kraftvoll und schmerzfrei.	Ich trainiere meinen Rücken täglich xx Minuten.
Ein Treppen-Lifter kostet xx Euro.	Ich frage meinen Sohn / meine Bank / ... nach einem Zuschuss / Kredit von xx Euro.
Mein Schwiegervater benötigt täglich mindestens 4 Stunden Pflege und Zeit.	Ich probiere für xx Wochen aus, wie mir die Pflege gelingt. Danach entscheiden wir, wie es weitergeht.
...	

Die meisten Menschen fühlen sich wohl, wenn sie erkennen, dass sie selbst etwas tun können, um eine ungewollte Situation zu verändern. Wer sich auf Lösungen konzentriert, wird daher zufriedener, weil er sein Handlungsspektrum erweitert. Die Gedanken werden auf konstruktive Maßnahmen gelenkt, statt in bedrückende Phantasien abzuschweifen.

!

Hinderliche (problemorientierte) Gedanken lösen meist unangenehme Gefühle in uns aus. Hilfreiche (lösungsorientierte) Gedanken dagegen vermitteln Zuversicht und Wohlbefinden.

Anregungen, Ihre hinderlichen Gedanken in Ihre eigentlichen Wünsche umzukehren und konkrete Maßnahmen zu formulieren, um diese zu erreichen, finden Sie in Kapitel 9.

Erwartungen als Erwartungen entlarven

Wer täglich erlebt, dass alt sein bedeutet, hilfebedürftig, krank oder verwirrt zu sein, denkt wahrscheinlich mit großer Sorge an sein eigenes Alter. Wer jedoch von lebensfrohen, sportlichen und lernbegeisterten Senioren umgeben ist, wird seinem Alter aller Wahrscheinlichkeit nach mit Zuversicht entgegenblicken. Wir sehen Geschehnisse durch unsere Erwartungsbrille und filtern das, was nicht zur Erwartung passt, einfach heraus.

Wahrscheinlichkeiten sind Vermutungen für die Zukunft, die aus Erkenntnissen der Vergangenheit gezogen wurden. Aber sie sind nicht die Realität. Ob sie sich erfüllen oder nicht, können wir nicht vorhersehen. Unsere Vorstellungen sind tatsächlich lediglich unsere Vorstellungen und keine unabänderlichen Gegebenheiten. Dennoch glauben wir häufig zu wissen, was geschehen wird, ohne dass wir es wirklich wissen können. Wer denkt, es gäbe keine Alternative für etwas, wird auch keine Alternative sehen, selbst wenn sie für alle anderen offensichtlich ist.

Einfach mal abschalten

Wer gedanklich ständig um dasselbe Thema kreist, verliert den Blick für seine Umgebung und für sich selbst. Um den Geist zu entspannen ist es hilfreich, die Gedanken in eine andere Richtung zu lenken.

Belastendes Gedankenkarussell

Frau Z. schläft abends nur schwer ein, obwohl sie völlig erschöpft ist. Seit dem Tod der Mutter vor zwei Jahren kreisen ihre Gedanken ständig darum, wie sie ihren Vater motivieren kann, sich einer Seniorengruppe anzuschließen. Täglich sucht sie im Internet nach Angeboten in der Nähe, schneidet Artikel aus der Tageszeitung aus und zerbricht sich den Kopf darüber, welche Veranstaltungen ihn aufmuntern könnten.

Sich beruhigen und sammeln

Frau Z. gewöhnt sich verschiedene Rituale an, die sie im Verlauf des Tages immer wieder in ihrem Gedankenkarussell bremsen. Zur Eingewöhnung stellt sie anfangs einen Wecker, der sie am Vormittag daran erinnert, für ein paar Minuten aus dem Fenster in die Ferne zu schauen und die Gedanken mit den Wolken ziehen zu lassen. Nachmittags hält sie beim Läuten des Weckers in ihrer Tätigkeit inne. Systematisch tastet sie in Gedanken Kopf, Nacken und Schultern ab und spürt nach, ob sie Spannungen wahrnimmt, die sie dann mit einem tiefen Atemzug loslässt. Beim Zubettgehen zählt sie von 10 an langsam rückwärts und bestätigt sich nach jeder Zahl mit den Worten „Es ist in Ordnung, so wie es ist.“.

Finden Sie für sich heraus, was Ihnen hilft, kurzzeitig abzuschalten. Manchmal ist es die Lektüre einer Zeitschrift, eine kleine Meditation, Gartenarbeit oder das Telefonat mit einem guten Freund. Gestehen Sie sich diese kleine Auszeit regelmäßig zu und laden Sie so Ihre Energiespeicher wieder auf.

Augen auf und Kopf hoch

Unsere Körperhaltung hat maßgeblichen Einfluss auf unseren Gemütszustand, wie Sie mit einer einfachen Übung überprüfen können.

Stellen Sie sich für ein paar Augenblicke mit nach vorne gezogenen Schultern, durchgedrückten Knien und nach vorne geneigtem Kopf hin. Nehmen Sie wahr, ohne den Kopf anzuheben, welche Gedanken und Empfindungen Ihnen durch den Kopf gehen. Was können Sie in dieser Position sehen oder hören, was wünschen Sie sich?

Schütteln Sie kurz Ihre Arme und Beine aus und nehmen Sie nun einen schulterbreiten Stand ein, die Knie sind leicht gebeugt. Stehen Sie aufrecht und rotieren Sie Ihre Schultern sanft nach hinten. Heben Sie den Kopf soweit an, dass Sie geradeaus blicken. Was können Sie jetzt sehen, was hören Sie? Wie fühlen Sie sich, welche Gedanken und Gefühle nehmen Sie wahr?

Die zweite Pose verkörpert ein selbstbewusstes und waches Auftreten. Der Stand ist gleichzeitig flexibel und stabil. Der Blick kann die Umgebung erkunden, durch die der Geist Anregung erfährt. Die Atmung kann frei erfolgen, die Stimme klar geäußert werden.

Sitzen oder stehen Sie so oft wie möglich aufrecht und mit einer für Sie angenehmen Körperspannung. Erkunden Sie Ihre Umgebung mit wachen Ohren und einem klaren Blick. Wenn Sie möchten, sprechen Sie eine Maßnahme, die Sie erarbeitet haben (→ Kap. 5) und durchführen wollen, mehrmals mit entschiedener und wohlmodulierter Stimme aus.

Übrigens beeinflusst unsere Gemütsverfassung auch unsere Körperhaltung. Wem es gut geht, der fühlt sich wohl und drückt dies auch in seinem Erscheinungsbild aus. Stellen Sie sich vor, eines Tages begegnen Ihnen alle Menschen mit anerkennenden Blicken. Man fragt bewundernd, wie Sie es schaffen so jung zu wirken, bemerkt Ihren neuen Haarschnitt und ist begeistert von Ihrer energetischen Ausstrahlung. Vermutlich fühlen Sie sich zunehmend attraktiver und kraftvoller, selbst, wenn Sie sich an diesem Morgen vielleicht müde und lustlos aus dem Bett begeben hatten. In der Folge strahlen Ihre Augen, Ihr Gang ist aufrecht und Sie fühlen sich unbesiegbar.

Sagen Sie sich täglich selbst etwas Freundliches oder wünschen Sie sich einen guten Tag. Wenn Sie zudem auch anderen Menschen täglich ein Kompliment machen, eignen Sie sich umso schneller diese hilfreiche Gewohnheit an, denn Übung macht auch hier den Meister.

Schön-reden statt Schwarzmalen

Zugegeben, diese Maßnahme klingt provokativ. Dabei nutzen wir ständig das Prinzip, Situationen auf eine bestimmte Art zu bewerten. Allerdings beschränken wir uns meist auf die negativen Aspekte. Die gute Nachricht ist: wer in der Lage ist schwarz zu malen, kann diese Fähigkeit – sofern er es möchte – auch umwandeln und Farbe in sein Leben bringen. Natürlich geht es nicht darum belastende Gefühle, wie Angst, Wut oder Trauer zu unterdrücken, denn sie bereichern unser emotionales Spektrum. Doch häufig belasten wir uns unnötig, indem wir uns bereits vor einer herausfordernden Situation ausmalen, wie sie scheitern wird, anstatt uns auf das Gelingen einzustellen

Hinderliche Befürchtungen
Frau T. graut es jeden Morgen vor dem Transfer ihres Mannes aus dem Bett, da Herr T. es sehr eilig hat, ins Bad zu gelangen und regelmäßig stolpert. Frau T. ist klein und zierlich und kann ihren großen Mann kaum halten, wenn er zu stürzen droht. So wartet sie jeden Morgen fast schon darauf, dass er wieder stolpert und macht ihm Vorwürfe. Anschließend plagt sie ein schlechtes Gewissen.

Sich aufeinander einstimmen
Frau T. stimmt sich, bevor sie Herrn T. beim Aufstehen unterstützt, darauf ein, dass er das Bad sicher erreicht. Sie lobt seine hilfreichen Handlungen – z. B. wie gut er sich festhält – und verkneift sich einen Kommentar über die weniger hilfreichen Handlungen – z. B. den schlurfenden Gang.

Gelangen die hilfreichen Aspekte in den Vordergrund, wird Frau T. ermutigt. Gleichzeitig wird Herr T. mit der Zeit geneigter sein ihr zuzuhören, wenn er Anregungen erhält sich zu verbessern, als wenn er pauschal kritisiert wird. Auch derjenige, der weiß, wo er sich selbst im Weg steht oder was er ändern sollte, hört dies nur ungern aus dem Mund eines Anderen. Es ist aber auch ein Geschenk, eine Rückmeldung zu erhalten, zeigt sie doch, dass der Andere an uns interessiert ist. Doch wie bei einem Geschenk fällt der erste Blick auf die Verpackung. Nicht jedes Präsent ruft beim Beschenkten die gleiche Begeisterung hervor, wie beim Schenkenden. Wenig hilfreich sind daher Vorwürfe oder Nörgeleien, sie wirken wie ein achtloser Einband aus Zeitungspapier.

Eine sachliche Schilderung der Situation („Mir ist aufgefallen, dass …") dagegen zeigt, der Andere bemüht sich um mich. Eine behutsame Beschreibung, wie Situation und Verhalten auf den Pflegenden wirken („Darüber habe ich mich geärgert / gefreut …, weil …"), offenbart den Willen, das Miteinander zu vertiefen. So kann der Wunsch nach zukünftigem Verhalten als Anliegen verstanden werden („Ich wünsche mir in Zukunft …") und den Weg für einen konstruktiven Austausch ebnen.

Sich selbst die Freundschaft anbieten

Wie würden Sie einen Menschen beschreiben, den Sie schätzen und der Ihnen besonders nahe ist? Finden Sie für sich selbst ebenso lobende Worte? Vielen Menschen fällt es schwer, positiv über sich zu sprechen. Dabei kennen wir uns besser als jeden anderen Menschen und zudem verbringen wir unser ganzes Leben mit uns selbst. Da ist es nur vernünftig, uns selbst ein gehöriges Maß an Wertschätzung und Selbstliebe zu schenken.

Notieren Sie drei Eigenschaften, die Sie an sich selbst schätzen in Ihr Dankbarkeits-Tagebuch. Fügen Sie drei Wochen lang täglich mindestens eine Eigenschaft hinzu

Außenstehenden fällt es häufig leichter, Anregungen und Ideen zu entwickeln, da sie nicht um all die hinderlichen Details des Alltags wissen. Wer einen guten Freund in einer beschwerlichen Situation unterstützen möchte, konzentriert sich auf hilfreiche und aufbauende Empfehlungen. Er bestärkt ihn in seinen Fähigkeiten, erinnert ihn an seine bisherigen Erfolge und ermuntert ihn, darauf zu bauen, dass es für jedes Problem eine oder mehrere Lösungen gibt. Gute Freunde halten sich mit zermürbender Kritik zurück und lenken den Blick auf das, was hilft. Bieten wir auch uns selbst die Freundschaft an. Stärken wir uns den Rücken mit konkreten Argumenten, wie:

Tab. 2: Lösungsorientiert denken

Ich kann die Pflege übernehmen, wenn …	…ich mir Hilfe holen bei …
Ich will die Pflege übernehmen, weil …	…ich so meinen Dank/… ausdrücken möchte
Ich achte auf mich …	…indem ich … tue

Mit Humor geht alles besser

Haben Sie schon einmal versucht sich zu ärgern, während Sie von Herzen lachen? Vermutlich nicht, warum sollten Sie auch. Wer lacht, entspannt Körper und Seele, stärkt sein Immunsystem, baut Stresshormone ab und hat keine Kapazität für Groll, Ängste oder Spannungen. Dies kann man besonders gut bei Kindern beobachten. Während Erwachsene es nur etwa 15 Mal tun, lachen Kinder etwa 400 Mal am Tag. Und da spontane Heiterkeit ansteckend wirkt, reißen sie sich immer wieder gegenseitig mit.

Echter Humor ist Ausdruck von Lebensfreude. Ein Lächeln wird meist lächelnd beantwortet, es wirkt aufmunternd, es tröstet und bestätigt unser Gegenüber. Lächelnde Menschen verstehen sich ohne Worte und fühlen sich ein Stückweit miteinander verbunden. In Gesellschaft lachen Erwachsene etwa 30-mal häufiger, als wenn sie allein sind. Jeder Mensch lacht auf seine Weise und gibt dem anderen damit einen zusätzlichen Lach-Impuls. Manchmal kann es sehr erheiternd sein, eine festgefahrene Situation spaßhaft zu überzeichnen. Doch dabei sollte immer bedacht werden, dass echter Humor niemanden verletzen, sondern alle Teilhabenden stärken und erleichtern will.

!

Wer seinen Alltag von unnötiger Ernsthaftigkeit entstaubt, wird feststellen, wie eine erfreuliche Leichtigkeit Einzug hält.

Grundlose Albernheit, nicht enden wollende Lachanfälle, glucksendes Kichern und unzensiertes Gelächter machen einfach gute Laune. Auch wächst beim Lachen die Distanz zu schwierigen Situationen. So wird die Kreativität angeregt und manche nicht ernst gemeinte Idee tritt zutage, die sich im Nachhinein vielleicht sogar als überlegenswerter Denkanstoß entpuppt.

Spontanes, intensives Lachen lässt sich nicht von Benimm-Regeln eindämmen und es kann jeden Menschen ohne Vorwarnung überfallen. Selbst Tagesschausprecherin Dagmar Berghoff, sonst stets die Seriosität in Person, fabrizierte 1988 in den Nachrichten einen Versprecher, dem ein zauberhafter Lachanfall folgte und den Zuschauern viel Freude bereitete. Über uns selbst zu lachen ist vielleicht die schönste Form von Humor. Sich nicht zu ernst und weniger wichtig, dafür aber selbst auf den Arm zu nehmen, entspannt ungemein.

Machen Sie es sich wieder zur Gewohnheit, herzhaft zu lachen. Vielleicht gestalten Sie sich selbst ein persönliches Schmunzelbuch, in das Sie lustige Cartoons, Schnappschüsse, Wortspielereien oder Witze aufnehmen (→ Kap. 9).

Wann haben Sie das letzte Mal Ihre Lachmuskeln trainiert? Der Besuch eines Lachseminars wirkt vielleicht belebend auf sie. Mag es zu Beginn gewöhnungsbedürftig sein grundlos zu lachen, das kollektive Lachen beschwingt und stärkt das Gemeinschaftsgefühl. Finden Sie verschiedene Gelegenheiten oder Methoden, die Sie zum Lachen bringen können. Lassen Sie Ihrer Kreativität freien Lauf bei der Erweiterung der Lach-Quellen und viel Vergnügen!

Übrigens kann unser Körper nicht entscheiden, ob ein Lachen echt oder unecht ist. Es lohnt sich also zunächst ein wenig zu tricksen, um das Lachen wieder zu erlernen. Ähnlich wie manche Sportler bei ungewohnten oder anstrengenden und damit etwas schmerzhaften Übungen lächeln, um Verkrampfungen zu lösen und die Motivation zu fördern. Wer sich jedoch dauerhaft vorspielt lustig zu sein, sollte sich seinem Hausarzt anvertrauen, um mit einem Experten für seelische Beschwerden zusammenzuarbeiten.

Dem Körper Gutes tun

„Den Kopf halt kühl, die Füße warm,
das macht den besten Doktor arm."
Sprichwort

Um sich wohl fühlen zu können, ist es unabdingbar, sich zu fühlen. Doch haben wir noch ein Gespür für unseren Körper? Häufig sind wir so mit unseren Gedanken beschäftigt, dass wir uns nur dann spüren, wenn unser Leib anders reagiert, als wir es erwarten. Erst wenn der Hals kratzt oder der Rücken schmerzt, erinnern wir uns an unsere Körperlichkeit.

Dabei begleiten Körperempfindungen alle unsere Erlebnisse und Gedanken. Begegnen wir z. B. einem Menschen den wir mögen, fühlt sich dies in unserem Körper anders an, als im Kontakt mit einem für uns unangenehmen Zeitgenossen. Auch ob wir uns bei einer Aufgabe selbstbewusst oder ängstlich fühlen, ist am eigenen Leib zu spüren. Die gezielte, wohlwollende und wertfreie Wahrnehmung dieses Körpererlebens kann in einer leicht erlernbaren Selbsthilfemethode unter Anleitung geübt werden (*Gendlin 2012*). Werden gewohnte Mechanismen wie Beschwichtigungen, das Unterdrücken von Gefühlen oder Selbstvorwürfe etc. bewusst beurlaubt und durch Annehmen dessen, was sich zeigt, ersetzt, kann die leib-haftige Annäherung auch an unangenehme Erfahrungen, in eine körperlich spürbare Erleichterung münden und in mentales Wohlbehagen übergehen.

Unser Körper kennt verschiedene wunderbare Wege, den Geist zu entspannen und das innere Gleichgewicht wieder herzustellen. So ist unser Körper empfänglich für ein warmes Bad, ein wohlschmeckendes Essen, eine ausgleichende Gymnastik u. v. m. und leitet das sich dabei einstellende Wohlbefinden mit Freude an unsere Seele weiter.

Angenehme Empfindungen haben unmittelbaren Einfluss auf das seelische Befinden und wir fühlen uns rundum wohl.

Die Kraft der Atmung

Atmen ist Leben in seiner Urform. Im fließenden Wechsel von Ein- und Ausatmen geschieht Geben und Nehmen, Aktion und Entspannung, Forderung und Hingabe. Meist jedoch atmen wir unbewusst. Dabei spiegelt unser Atem unmerklich unsere Gefühle, Gedanken und Handlungen. Lernen wir unseren Atem zu entschlüsseln, erhalten wir wichtige Hinweise über unsere Emotionen und darüber, was uns gut tut. Nutzen wir die Kraft des Atmens, können wir viel Kraft und Energie tanken – und benötigen dazu weder Hilfsmittel noch viel Zeit.

Meinen Atem spüren

Nehmen Sie einen bequemen Sitz ein, der Rücken ist gerade, die Füße stehen schulterbreit, die Schultern sind entspannt und die Hände liegen locker auf den Oberschenkeln – Schließen Sie die Augen und spüren Sie, wie die Erde Sie sicher trägt – Spüren Sie den Kontakt Ihres Gesäßes mit der Sitzfläche des Stuhles, die Unterstützung der Lehne im Rücken und Ihre Füße, die fest auf dem Boden stehen.

Richten Sie Ihre Aufmerksamkeit auf den Atem und beobachten Sie lediglich, wie er fließt, beim Einatmen und Ausatmen, beim Einatmen und Ausatmen ... (3–5 Atemzüge) – Legen Sie nun eine Hand leicht auf den Brustkorb und spüren Sie, wie Ihre Hand durch die Atmung bewegt wird, beim Einatmen und Ausatmen ... (3–5 Atemzüge) – Legen Sie nun eine Hand

leicht auf den Bauch und spüren Sie, wie Ihre Hand beim Einatmen und Ausatmen bewegt wird ... (3–5 Atemzüge) – Legen Sie Ihre Hand nun wieder auf den Oberschenkel und nehmen Sie noch ein paar Augenblicke wahr, wie Ihr Atem fließt.
Mit weiterhin geschlossenen Augen wenden Sie Ihre Aufmerksamkeit zurück in den Raum. Spüren Sie den Kontakt Ihres Gesäßes mit der Sitzfläche des Stuhles, die Unterstützung der Lehne im Rücken und Ihre Füße, die fest auf dem Boden stehen, die Hände liegen locker auf den Oberschenkeln.
Bevor Sie die Augen öffnen, schicken Sie einen kurzen, liebevollen Gruß an Ihre Atmung, die Sie das ganze Leben über begleitet und danken ihr – Öffnen Sie nun die Augen und räkeln und strecken Sie sich.

Die nächste Übung benötigt nur wenige Augenblicke und ist daher besonders zum kurzen Innehalten geeignet.

Ich bin bei mir

Nehmen Sie einen bequemen Stand oder Sitz ein, die Füße stehen schulterbreit, die Schultern hängen entspannt – Fühlen Sie Ihren Schwerpunkt im Beckenbereich – Legen Sie eine Hand leicht auf das Herz oder auf den Bauch – Spüren Sie, wie der Atem den Brustkorb bzw. den Bauch hebt und senkt – Wiederholen Sie in Gedanken 2–3 mal den Satz „Ich bin bei mir" – Verbinden Sie in Gedanken mehrere Male z.B. folgende Bilder:

- Mit dem Einatmen Energie aufnehmen – mit dem Ausatmen Belastendes abgeben oder
- Mit dem Einatmen Kraft aufnehmen – mit dem Ausatmen Erschöpfung abgeben oder
- Mit dem Einatmen Ruhe aufnehmen – mit dem Ausatmen Wut und Ärger abgeben,

dabei bewusst ein- und ausatmen.
Lassen Sie die Hand sinken – Atmen Sie normal ein und bewusst langsam aus – und lächeln Sie.

Nun können Sie sich Ihrem Angehörigen wieder gestärkt und ausgeglichener widmen.

Entspannende Seufzer

Seufzen Sie doch ab und zu bewusst, vielleicht sogar gemeinsam mit Ihrem pflegeempfangenden Angehörigen. Ein tiefer Seufzer wirkt befreiend und entleert die Lunge, so dass in der Folge vermehrt Sauerstoff in die Atemwege gelangt. Kombiniert mit einem verstärkenden Ton intensivieren Sie nicht nur die Wirkung – vermutlich werden Sie zum Lachen angeregt. Dies wiederum verstärkt die Atmung, sorgt für eine verbesserte Durchblutung und hebt nicht zuletzt die Stimmung.

„Oh, das Leben!"

Frau O. ist aufgrund einer Herzerkrankung nur wenig belastbar. Doch obwohl sie bereits nach wenigen Schritten kurzatmig wird, freut sie sich über jeden Meter, den sie alleine bewältigt. „Oh, das Leben!" seufzt sie bei jeder erzwungenen Pause und lächelt schmunzelnd.

Singen

Beim Singen wird nicht nur die Atmung vertieft und das Immunsystem gestärkt. Singen sorgt für gute Laune, denn es fördert die Ausschüttung von Glückshormonen und verbessert das Wohlbefinden. Jeder Mensch kann singen und es gibt zahlreiche Möglichkeiten dazu, entweder allein oder in einer Gruppe. Vielleicht stecken Sie Ihren pflegeempfangenden Angehörigen mit dem freudvollen Singen an und Sie entdecken gemeinsam längst vergessen geglaubte Lieder und inspirierende Melodien.

Bewusste Körperwahrnehmung

Beobachtungen im Alltag
Egal, wo Sie sind oder was Sie gerade tun, Sie können Ihren Körper wahrnehmen. Lenken Sie Ihre Aufmerksamkeit beispielsweise, während Sie Ihrem Angehörigen das Essen reichen auf Ihre eigene Mimik. Ist Ihr Unterkiefer angespannt oder gelöst? Dann geben Sie sich die Erlaubnis, den Unterkiefer zu lösen und atmen Sie bewusst ein und aus.

Oder lenken Sie Ihre Aufmerksamkeit während der Lagerung auf Ihren Rücken. Ist er gekrümmt oder gerade? Zeigt er Ermüdungserscheinungen oder fühlt er sich kraftvoll an? Strecken Sie nun Ihren Rücken und spannen Sie die Bauchmuskeln an, wird eine leichte Entlastung im Rücken spürbar.

Achten Sie vor dem Transfer auf Ihre Körperhaltung. Stehen Sie sicher und haben Sie gleichzeitig ausreichend Bewegungsfreiheit? Atmen Sie ein und ziehen Sie Ihre Schultern mit dem Ausatmen bewusst nach hinten unten, bevor Sie Ihren Angehörigen unterstützen.

Spüren Sie Verspannungen oder Schmerzen im Schultergürtel? Können Sie sich erinnern, wann dieses Unwohlsein begann? Was ging ihm voraus? Vielleicht gelingt es Ihnen den Auslöser zu identifizieren, so dass Sie beim nächsten Mal frühzeitig gegensteuern können. Atmen Sie nun in Gedanken bewusst mehrere Mal in den betreffenden Körperbereich hinein. Erfahren Sie dabei keine Besserung kann es sinnvoll sein, sich mit Ihrem Arzt über Behandlungen dieses Unwohlseins zu beraten.

Achten Sie am Ende des Tages auf Ihre Befindlichkeit. Sind Sie über die Maßen erschöpft? Führen Sie die voranstehende Atemübung durch und konzentrieren Sie sich ganz auf die Atmung. Spüren Sie anschließend erneut nach. Vermutlich konnten Sie die Erschöpfung so ein wenig mildern.

Eine Körperreise unternehmen

Eine gedankliche Reise durch unseren Körper verbessert die Körperwahrnehmung und entspannt zugleich.

Tab. 3: Vorbereitung zu Körperwahrnehmung in Rückenlage

Vorbereitung	Wirkung
Nach Bedarf ein kleines Kopfkissen und eine Knieunterstützung zu Hilfe nehmen	Durch eine entspannte Liegeposition wird die Aufmerksamkeit ganz auf die Übung gelenkt
Mit leichter Decke zudecken	Eine angenehme Körpertemperatur entspannt
Fenster schließen oder Vorhänge zuziehen, Telefon leise stellen oder in den Nebenraum legen	Außengeräusche oder Lichtreflektionen können die Aufmerksamkeit ablenken
Toilettengang vorab, Angehörige über Dauer der privaten Zeit informieren	Störungen während der Übung vermeiden
Evtl. Gürtel bzw. beengende Kleidungsstücke öffnen	Die Atmung kann frei fließen
Evtl. Schmuck und Uhr ablegen	Die Aufmerksamkeit liegt ganz auf der Körperwahrnehmung

Begeben Sie sich, wenn möglich, in eine entspannte Rückenlage. Bei Bedarf korrigieren Sie Ihre Position so lange, bis Sie wirklich entspannt liegen. Die Arme liegen seitlich neben dem Körper, ohne ihn zu berühren. Die Beine sind leicht geöffnet, so dass die Füße ein wenig nach außen kippen.

Schließen Sie die Augen. Lenken Sie Ihre Aufmerksamkeit nun schrittweise durch Ihren gesamten Körper. Sind Sie geübter, können Sie nach Belieben verweilen und nachspüren. Zu Beginn sollten Sie jedoch jeden Schritt gleichermaßen durchführen. Mit der Zeit beginnt Ihr Körper immer frühzeitiger zu entspannen, da er den Ablauf gewohnt ist. Sollten Sie bei der Körperreise einschlafen, sehen Sie das als ein Anzeichen tiefer Entspannung. Vielleicht wenden Sie die Körperreise auch als Einschlafhilfe an. Um das Einschlafen zu verhindern, können Sie die Augen öffnen und einen neutralen Punkt an der Decke fixieren, während Sie die Körperreise durchführen.

Gleich, ob Sie diese Entspannungsübung für sich alleine durchführen oder ob Ihnen jemand vorliest: die Körperreise folgt einem einfachen Muster:

Körperreise

- Berührung der Fersen auf der Unterlage spüren > Nachspüren > Bedanken
- Berührung der Unterschenkel, Kniekehlen, Oberschenkel auf der Unterlage spüren > Nachspüren > Bedanken
- Berührung des Gesäßes auf der Unterlage spüren > Nachspüren > Bedanken
- Berührung des unteren Rückens bis zu den Schultern auf der Unterlage spüren > Schultern nach unten sinken lassen > Nachspüren > Bedanken
- Berührung der Hände, Handgelenke, Unterarme, Ellbogen, Oberarme auf der Unterlage spüren > Schultern nach unten sinken lassen > Nachspüren > Bedanken
- Berührung des Kopfes auf der Unterlage spüren > Nacken ist entspannt, Stirn ist glatt, Unterkiefer ist gelockert > Nachspüren > Bedanken
- Gefühl der Entspannung genießen.

Zum Beenden der Übung: tief atmen, Augen öffnen, räkeln und strecken und nach Bedarf gähnen und seufzen. Anschließend behutsam aufsetzen.

Der Beginn an den Füßen hilft, die Aufmerksamkeit möglichst weit vom Kopf wegzulenken, in dem hindernde Gedanken kreisen. Indem Sie sich bei Ihrem Körper bedanken, konzentrieren Sie sich auf positive, hilfreiche Betrachtungen und lassen für eine Weile alle Kritik und Beschwerden hinter sich.

Eine Körperreise zum Vorlesen finden Sie in Kapitel 9.

Übrigens können Sie diese Körperreise auch Ihren pflegeempfangenden Angehörigen anbieten. Selbst wenn Sie glauben, dass diese die Worte nicht verstehen, probieren Sie es einfach einmal aus. Sie werden merken, ob Ihre Angehörigen auf diese Entspannungsübung ansprechen oder nicht. Womöglich werden Sie durch das Vorlesen auch an sich selbst einen leichten Entspannungseffekt feststellen!

Wellness für mich

Sich selbst Gutes zu tun ...

Um sein körperliches Wohlbefinden zu steigern, benötigt man weder Zauberkünste noch einen Monat Urlaub. Das Glück liegt häufig in den kleinen Dingen, wenn wir bereit sind sie wahrzunehmen und ihre Bedeutsamkeit für uns erkennen. Ihre persönlichen Wohlfühl-Oasen sollten einfach umzusetzen sein – umso häufiger werden Sie diese ermöglichen und genießen.

Wenn wir zum Beispiel beim Eincremen unseren Körper bewusst mit den eigenen Händen entlangfahren und hinspüren, können unstete Gedankensprünge gebremst werden. Wird die Aufmerksamkeit auf angenehme Körpererfahrungen gelenkt, sind unsere Gedanken eine Zeitlang mit ihnen beschäftigt. Das Prinzip der Gewohnheiten gilt auch hier: je häufiger ich mir angewöhne, meinem Körper bewusst Gutes zu tun, desto selbstverständlicher wird es und desto bereitwilliger treten unsere kreisenden Gedanken zeitweise in den Hintergrund. Vielleicht gönnen Sie sich öfter einmal einen kleinen Spaziergang, eine kurze Atemübung, ein Fußbad oder eine Gesichtsmassage.

Unser Körper ist empfänglich für angenehme Berührung und Maßnahmen, die das Wohlbefinden fördern. Bereits kleine Zeiteinheiten für Wohlfühlübungen wirken entspannend.

Nehmen Sie Ihre Ideensammlung aus Kapitel 4 noch einmal zur Hand und ergänzen Sie diese mit weiteren Einfällen, die Ihr körperliches Wohlbefinden steigern. Vielleicht wählen Sie für heute schon eine erste Maßnahme aus, um sich selbst zu beschenken.

Natürlich gehören auch die Anwendung von rückenschonendem Arbeiten, der Einsatz von Hilfsmitteln, sowie die Unterstützung durch ambulante und stationäre Pflege oder Betreuung dazu, sich selbst Gutes zu tun.

...tut auch Anderen gut

Eigene körperliche wie seelische Befindlichkeiten prägen unbewusst unsere Berührung und lassen den Pflegeempfangenden auf diese Weise unsere augenblickliche Verfassung spüren.

Wer selbst entspannt ist, berührt auch entspannt.

Unsere Umgebung profitiert also auch davon, wenn wir uns in unserem Körper wohl und zuhause fühlen. So zahlt sich die Zeit aus, in denen Helfer uns eine regelmäßige Auszeit ermöglichen.

Das Wunder meiner Hände

Unsere Hände nehmen in der Pflege eine außergewöhnliche Rolle ein und sind stets in Aktion: sie cremen ein, schütteln Kissen auf, bekleiden, geben Halt, reichen Getränke, ertasten Muskelspannungen, spüren Temperaturunterschiede, spenden Trost und Zuwendung und vieles mehr. Indem wir unseren Händen Aufmerksamkeit schenken, werden wir uns ihrer Bedeutsamkeit und Einzigartigkeit bewusst.

Handbetrachtung

Setzen Sie sich bequem auf einen Stuhl. Der Rücken ist gerade, die Hände liegen entspannt auf den Oberschenkeln und die Füße stehen schulterbreit auf dem Boden. Schließen Sie die Augen und spüren Sie die Stuhllehne am Rücken. Nehmen Sie wahr wie der Boden Sie trägt, ohne dass Sie irgendetwas dazutun müssen. Atmen Sie dreimal bewusst durch die Nase ein und langsam durch den Mund aus.

Lenken Sie Ihre Aufmerksamkeit nun auf Ihre Hände. Fühlen Sie das sanfte Gewicht, mit dem sie auf den Oberschenkeln aufliegen. Spüren Sie die Wärme, die von ihnen ausgeht.

Öffnen Sie nun die Augen und betrachten Sie Ihre Hände. Erkunden Sie mit Ihren Blicken die Konturen, nehmen Sie die Knöchel, die Gelenke und die Hautfarbe Ihrer Hände wahr. Betrachten Sie die Adern und Poren Ihrer Handrücken und erforschen Sie die feine Maserung der Handinnenflächen. Nehmen Sie einfach wahr, ohne zu bewerten.

Legen Sie jetzt die Handflächen aufeinander und bewegen die Hände in Zeitlupentempo so, als würden Sie diese ein-

cremen. Sie können die Augen schließen oder mit ihnen der Bewegungen Ihrer Hände folgen.
Nehmen Sie die Qualität Ihrer Berührung wahr und experimentieren Sie mit Druck und Tempo, bis es sich vollkommen angenehm anfühlt. Vielleicht erinnern Sie sich beim nächsten Händecremen daran und können sich auf diese Weise einen kleinen Wohlfühlmoment schenken.
Lösen Sie Ihre Hände von einander und betrachten Sie sie erneut. Hat sich etwas verändert? Wie fühlen sie sich an? Was empfinden Sie, wenn Sie sie anschauen? Nehmen Sie einfach wahr, ohne zu bewerten.
Legen Sie die Hände wieder entspannt auf den Oberschenkeln ab und schließen Sie erneut die Augen. Spüren Sie das sanfte Gewicht, mit dem sie aufliegen und die Wärme, die sie ausstrahlen. Schicken Sie noch einen liebevollen Gedanken an Ihre Hände, die unermüdlich für Sie aktiv sind und bedanken Sie sich bei ihnen.
Bevor Sie die Augen öffnen, spüren Sie wie sicher der Boden Sie trägt und wie die Stuhllehne Ihren Rücken stützt. Atmen Sie tief durch die Nase ein, räkeln und strecken Sie sich und öffnen Sie die Augen.

Eine weitere Handmeditation, welche die zahlreichen Facetten Ihrer Handreichungen bewusst macht, finden Sie unter Kapitel 9.

Handbad

Ein Handbad mit natürlichen Zutaten verwöhnt und pflegt die Haut, ohne sie zu reizen und kann eine Wohltat für Körper und Seele sein. Sind sämtliche Materialien vorbereitet, wirken eine entsprechende Beleuchtung und entspannende Musik als harmonische Einstimmung. Idealerweise sollte

Zeit für das Handbad, sowie anschließend für das Einwirken der pflegenden Zusätze eingeplant werden.
Denkbar ist beispielsweise ein Handbad aus Buttermilch (300 ml) und Olivenöl (2 EL). Die Zutaten miteinander vermengen und evtl. kurz erwärmen. Während des etwa fünf- bis zehnminütigen Handbades Finger, Nägel, Nagelbett, sowie Handinnen- und -außenflächen leicht massieren, um die Wirkung zu verstärken. Anschließend die Hände nur trocken tupfen.
Auch eine sanfte Handmassage wirkt wohltuend. Wer mag, kann vorab ein kurzes lauwarmes Handbad mit Wasser und Öl durchführen, um den entspannenden Effekt zu steigern.

Tab. 4: Vorbereitung zur Handmassage

Vorbereitung	Wirkung
Handbad vorbereiten, Massageöl und Handtuch zum Unterlegen bereitlegen	Sind alle Materialien bereit, erhalten die Hände die volle Aufmerksamkeit
Schmuck und Uhr ablegen	Störende Fremdkörper entfernen
Für 15–20 Minuten Ungestörtheit sorgen	Sich ganz auf sich selbst besinnen können
Haut auf Unversehrtheit prüfen	Bei verletzter oder verbrannter Haut zunächst den Arzt fragen, ob eine Massage sinnvoll ist

Handmassage

Zur Einstimmung kann der zu massierende Arm mit der flachen Hand vom Schultergelenk ausgehend dreimal ausgestrichen werden. Die zu massierende Hand zu Beginn ausgiebig und vollständig einölen. Nun Hand und Finger mehrmals großflächig

ausstreichen. Die zu massierende Hand dabei vom Handgelenk aus seitlich umfassen und in Richtung der Finger ausstreichen. Danach die einzelnen Finger gerade oder mit leichten drehenden Bewegungen ausstreichen. Die Massage der Finger erfolgt durch Daumen und Zeigefinger. Alle Fingerseiten zunächst mit geraden Strichen, dann mit kreisenden Bewegungen massieren.
Zur Massage der Handinnenfläche stützt die aktive Hand die zu massierende Hand mit den Fingern. Der Daumen massiert die Handinnenfläche mit kreisenden Bewegungen im Uhrzeigersinn. Der Handballen wird ebenfalls in kreisenden Bewegungen mit dem Daumen massiert. Zeige- und Mittelfinger der massierenden Hand unterstützen dabei an der Handaußenseite.
Den durch Knochen und Sehnen empfindlicheren Handrücken mit angemessen leichtem Druck in Längsrichtung zwischen den Knochen ausstreichen. Mit dem Daumen an der Handaußenseite und dem Zeigefinger an der Handinnenseite nun die Fingerzwischenräume mit leichtem Druck ausstreichen. Abschließend Hand und Finger wie zu Beginn mehrmals großflächig ausstreichen.

Mir Rückhalt geben

Vermutlich wenden Sie eine Methode umso häufiger an, desto mehr Freude sie macht und desto weniger Vorbereitung sie benötigt. Viele Übungen dauern nur wenige Minuten und können z. B. in den Fernsehwerbepausen oder bei Wartezeiten im Supermarkt durchgeführt werden. Je häufiger Sie nun trainieren, umso intensiver wirken diese Anwendungen. Das gleiche Prinzip gilt übrigens auch für Maßnahmen, die Sie Ihren pflegeempfangenden Angehörigen anbieten: entscheidend ist nicht die Dauer, sondern die Häufigkeit der Anwendung!

Rückengymnastik

Moderate rückengymnastische Übungen werden in diversen Kursen zur Rückenschulung gelehrt. Schon zehn Minuten täglich wirken. Als morgendliches oder abendliches Ritual können zwei bis vier hilfreiche Übungen ähnlich wie das Zähneputzen zur Selbstverständlichkeit werden. Anbieter von Rückenschulungskursen können z. B. über Volkshochschulen, Krankenkassen, Sportvereine oder das Branchenbuch ausfindig gemacht werden.

Alle rückenstärkenden Übungen, darunter auch die unten aufgeführten Beispiele, sollten immer unter Anleitung erfahrener Trainer oder Kursleiter eingeübt werden. Bei bereits vorliegenden Beschwerden, Schmerzen oder einem diagnostizierten Rückenleiden empfiehlt sich jedoch unbedingt die Rücksprache mit dem Arzt bzw. eine individuelle Physiotherapie.

Übungsbeispiele

- Zum Aufwärmen im schulterbreiten Stand (d. h. die Füße stehen parallel so weit auseinander, wie die Schultern breit sind) gerade hinstellen. Beide Arme nach oben strecken und sich genüsslich räkeln. Das Ausatmen darf durch einen Seufzer verstärkt werden.
- Im schulterbreiten Stand locker aufrecht stehen. Schultern einzeln oder zusammen leicht anheben und sanft nach hinten kreisen. 5–10 Kreisbewegungen je Schulter durchführen.
- Im Vierfüßlerstand linken Arm nach vorne und rechtes Bein nach hinten strecken. Arm und Bein anziehen, so dass Ellbogen und Knie sich berühren. Arm und Bein wieder ausstrecken. 5 bis 10 Wiederholungen durchführen, dann rechten Arm und linkes Bein ebenso bewegen.
- Mit gegrätschten Beinen gerade hinstellen. Die linke Hand locker an der Seite hängen lassen, den rechten Arm

über den Kopf heben und den Oberkörper leicht nach links neigen, so dass sich der linke Arm nach unten in Richtung Knie bewegt. 10 bis 20 Sekunden halten, dann die Seite wechseln.

Bewegung hält beweglich

Während Kinder in der Regel ihren natürlichen Bewegungsdrang ausleben, bewegen sich viele Erwachsene im Alltag nur wenig oder einseitig. Ein regelmäßiger Ausgleich jedoch stärkt die Muskulatur, erhält die Beweglichkeit, beugt Verspannungen vor und hebt die Stimmung.

Gewöhnen Sie sich an Treppen häufiger als Fahrstühle zu besteigen, kleine Einkäufe zu Fuß oder mit dem Fahrrad zu erledigen und kleine Auszeiten für einen Spaziergang oder kleine Gymnastikeinheiten zu nutzen. Beim Arbeiten am Computer oder beim Fernsehen verändern Sie häufig Ihre Sitzposition, atmen Sie bewusst drei Mal tief ein und aus, räkeln und strecken Sie sich, verbunden mit einem entspannenden Seufzer oder stehen Sie wiederholt auf und gehen ein paar Schritte.

Gewöhnen Sie sich an, jede Gelegenheit zur Bewegung zu nutzen.

Mit Übergewicht fällt Bewegung häufig schwerer. Bewegungsmangel fördert eine weitere Gewichtszunahme. Die Kombination von regelmäßiger Bewegung und ausgewogener Ernährung hilft, überflüssiges Gewicht zu reduzieren. Auch hier wirken gesunde Gewohnheiten nachhaltiger als kurzfristige Diäten, die Körper und Psyche häufig mehr aufbürden als erleichtern. Seriöse Ernährungsberatungen, z. B. von den Krankenkassen oder Kochkurse für eine leichte und ausgewogene Küche können bei einer dauerhaften Umstellung hilfreich sein.

Bewegung im Wasser schont die Gelenke und ist daher besonders geeignet bei Rücken- oder Gelenkbeschwerden. Nicht nur übergewichtige Menschen lieben das fast schwerelose Gefühl, welches durch den Auftrieb vermittelt wird. Wassergymnastik und Schwimmen trainieren Kreislauf und Muskulatur, machen Spaß und bieten eine Gelegenheit auf andere Menschen zu treffen.

Viele Menschen hören gerne Musik. Die persönliche Lieblingsmusik wirkt belebend und animiert dazu, sich zu bewegen. Tanzen Sie doch einfach einmal zu Ihrer Lieblingsmusik, egal, ob im Sitzen oder Stehen. Reisen Sie für ein paar Minuten in die Welt der Melodien und übertragen Sie den beschwingten Rhythmus in Ihren Alltag.

Gemeinsam fällt es leichter, sich zu motivieren. Verabreden Sie sich mit Gleichgesinnten regelmäßig zum Schwimmen, Tanzen, Walken, Laufen, Spazierengehen oder Fahrradfahren. Beginnen Sie mit mühelosen Aktivitäten, steigern Sie die Anstrengung in Ihrem eigenen Tempo und geben Sie sich ausreichend Zeit, sich an Ihr neues bewegtes Leben zu gewöhnen.

Zu Beginn wollen ungewohnte Aktivitäten immer wieder ins Gedächtnis gerufen werden. Mithilfe der Tageskarten gestalten Sie sich Ihre maßgeschneiderte Erinnerung (→ Kap. 9).

Hilfsmittel und rückenschonendes Arbeiten

Hilfsmittel erleichtern das Tragen oder Heben schwerer Lasten und sollten genutzt werden. Die Pflegefachkräfte der ambulanten Dienste oder Mitarbeiter der Pflegestützpunkte beraten gemeinsam mit Ihnen, welche Hilfsmittel für die Pflege Ihres Angehörigen sinnvoll sind.

Ebenso wichtig wie angemessene Hilfsmittel einzusetzen ist es, die Grundsätze rückenschonender Arbeit anzuwenden. Dazu gehören u. a.:

Tab. 5: Grundsätze rückenschonender Arbeit

Richtiger Stand	mit leicht gebeugten Knien in Schrittstellung oder schulterbreitem Stand
Richtige Techniken	▪ Lasten nah am Körper tragen, ▪ in die Hocke gehen, statt den Rücken zu beugen, ▪ gleichmäßige Atmung, ▪ Anspannen von Bauch- und Rückenmuskulatur zur Stabilisierung der Wirbelsäule, ▪ konkrete Absprache und gemeinsames Heben und Tragen, ▪ das gleichmäßige Verteilen von Lasten
Richtiges Schuhwerk	rutschfest, bequem und Halt gebend

Wo immer es geht, sollte Ihr pflegeempfangender Angehöriger mithelfen. Dies fördert seine Selbstständigkeit und entlastet Ihren Rücken (*Keller / Schels 2013*).

Systematische Entspannungsmethoden nutzen

„Strebe nach Ruhe, aber durch das Gleichgewicht, nicht durch den Stillstand deiner Tätigkeit.“
Friedrich von Schiller

Systematische Entspannungsmethoden unterscheiden sich von alltäglichen Maßnahmen zur Erholung in erster Linie durch ihren nachhaltigen Effekt. Voraussetzung dafür ist eine kontinuierliche Anwendung der Methode. Geübte können sich auch in belastenden Situationen innerhalb weniger Minuten in körperliche Entspannung und seelische Ausgeglichenheit versetzen. Der anfänglich höhere Zeitaufwand lohnt sich daher durchaus, zumal die Körperwahrnehmung von Anfang an spürbar verbessert wird.

Wir Menschen benötigen ein ausgewogenes Maß an Anforderung und Erholung ebenso wie die Anteile von Saft und Mineralwasser bei einer schmackhaften Saftschorle abgestimmt sein müssen. Fügt man einer fertigen Saftschorle ein Übermaß an Fruchtsaft hinzu, steigt der Säuregehalt und es wird mühseliger wieder die passende Mischung herzustellen. Fühlen wir uns bereits gestresst, verstärkt jede weitere Belastung unsere Anspannung und es wird immer schwieriger, unsere emotionale Balance wieder zu erlangen. Die Anwendung systematischer Entspannungsmethoden wirkt wie eine gleichzeitige Wasserzugabe und stärkt das emotionale Gleichgewicht.

Auch wer glaubt vergessen zu haben, wie sich Entspannung anfühlt, kann getrost auf das Erinnerungsvermögen seines Körpers vertrauen. Systematische Entspannungsverfahren nutzen althergebrachte Vorgänge unseres Organismus zur Erfrischung, die uns im Alltag entglitten sind. Dabei wird die Aufmerksamkeit konsequent weg vom Außen hin zu uns selbst gelenkt. Phasen der Regeneration können nun gezielt angestoßen und bewusst wahrgenommen werden. Je entspannter der Übende zu Beginn ist, umso tiefer kann die Wirkung einsetzen. Doch auch bei bereits bestehenden Belastungen wirken systematische Entspannungsmethoden bald spürbar.

!

Auch wenn Entspannungsmethoden wie Autogenes Training und Progressive Muskelentspannung teilweise leicht zu erlernen sind, empfiehlt es sich, diese zunächst unter Anleitung in einem Kurs einzuüben.

Es existieren auch zahlreiche Lektüren, Hörversionen oder Videos angeleiteter Entspannungsmethoden, doch fehlt dabei der motivierende Effekt einer Gruppe. Ein Kursleiter achtet auf eine angemessene Dauer und Intensität, er gibt Tipps zur Körperhaltung und zur Ausführung der Übungen, kennt mögliche Kontraindikationen und bespricht individuelle Fragen mit Ihnen.

Zahlreiche Anbieter sind in verschiedenen Entspannungsverfahren ausgebildet und finden sich z. B. in Volkshochschulen, Praxen für Krankengymnastik, Psychologischen Praxen oder Sportvereinen. Für einige Angebote erstatten etliche Krankenkassen zudem einen Teil der Gebühr im Rahmen der Präventionskurse und weisen auf zertifizierte Anbieter im Umfeld hin. Informationen erhalten Sie bei Ihrer Krankenkasse.

Vorbereitung und Positionierung: Alle räumlichen und persönlichen Vorbereitungen bei Autogenem Training (AT) und Progressiver Muskelentspannung (PMR) gleichen denen vor der Körperreise (→ Kap. 5). Als ideale Übungsposition wird meist eine entspannte Rückenlage eingenommen.

Tab. 6: Durchführungspositionen bei Autogenem Training und Progressiver Muskelentspannung

<table>
<tr><th></th><th>In Rückenlage</th><th>Halbliegend</th><th>Im Sitzen</th></tr>
<tr><td>AT</td><td rowspan="2">Bei Bedarf Rolle unter die Knie geben oder Unterschenkel auf Gymnastikwürfel ablegen (45°-Winkel)

Die Arme liegen seitlich neben dem Körper ohne ihn zu berühren

Die Beine sind leicht geöffnet, Füße kippen ein wenig nach außen</td><td rowspan="2">Kopf entspannt anlehnen oder halten,
Arme entspannt ablegen,
Füße haben vollständigen Bodenkontakt</td><td>▪ Droschkenkutscherhaltung:
Beine geöffnet, Füße haben vollständigen Bodenkontakt,
Oberkörper leicht nach vorne gebeugt,
Unterarme auf den Oberschenkeln ablegen</td></tr>
<tr><td>PMR</td><td>▪ Aufrechte Sitzhaltung:
Kopf entspannt anlehnen oder halten,
Arme entspannt ablegen,
Füße haben vollständigen Bodenkontakt</td></tr>
</table>

Korrigieren Sie Ihre Position auch während der Übung, damit Sie wirklich entspannt liegen.

Tai Chi-Übungen erfolgen im Stehen, Qi Gong-Übungen finden im Stehen, im Sitzen oder im Liegen statt. Man benötigt wenig Platz und in bequemer Kleidung und Socken oder barfuß kann zu jeder Zeit geübt werden.

Umsetzung im Alltag: Es ist besser, täglich ein bis zweimal für 10 Minuten zu üben, als eine geplante Dreiviertelstunde pro Tag nicht zu realisieren! Das regelmäßige Training ist entscheidend. Beginnen Sie mit kleinen Übungselementen und geben Sie sich Zeit zum Nachspüren. Vielleicht binden Sie eine kurze Einheit in Ihr Morgenritual ein, üben ein zweites Mal vor dem Mittagessen oder beenden Ihren Tag damit.

Autogenes Training und Progressive Muskelentspannung sollten zunächst in ruhiger, ungestörter Umgebung eingeübt werden. Mit ein wenig Übung sind einige Elemente jedoch bald auch in Alltagssituationen umsetzbar. Tai Chi und Qi Gong sind sowohl draußen in der freien Natur, wie auch in den eigenen vier Wänden möglich. Die anspruchsvollen Bewegungsfolgen des Tai Chi benötigen ein gewisses Maß an Ausdauer und Körperbeherrschung. Die Vielfalt und die Einfachheit vieler Übungen ermöglicht es dagegen nahezu allen Menschen, Qi Gong anzuwenden.

Autogenes Training

Das Autogene Training (nach J. H. Schultz) ist eine Methode der positiven Selbstbeeinflussung. Indem man sich zunächst vorstellt, entspannt zu sein, beginnt der Körper tatsächlich zu entspannen. Die Aufmerksamkeit wird von den unsteten Alltagsgedanken ganz auf die natürlichen körperlichen Entspannungsreaktionen gelenkt. Die Spannung in der Muskulatur reduziert sich, während die Durchblutung angeregt wird. Der Atem wird ruhig, der Herzschlag normalisiert sich und leise Darmgeräusche weisen auf eine Anregung der Magen- und Darmtätigkeit hin.

Regelmäßiges Training verbessert das Körpergefühl und wirkt sich positiv auf alle unwillkürlichen Körpervorgänge aus. Das ganzheitliche Wohlgefühl wird durch die entsprechende Ausrichtung der Gedanken vertieft und trägt zu höherer Konzentrationsfähigkeit und allgemein verbessertem Leistungsvermögen bei. Sich selbst körperlich und psychisch positiv beeinflussen zu können, macht optimistisch und stärkt das Selbstvertrauen. Geübte erreichen in kurzer Zeit einen Zustand gelassener Konzentration und fühlen sich ausgeruht.

Möglicher Ablauf und Formen des Autogenen Trainings

Zur Einstimmung wird der Übende angeregt die aktuelle Körperposition schrittweise zu erspüren. Daran schließt sich die Wahrnehmung einer angenehmen Körperschwere und später eines wohligen Wärmegefühls an. Einsteiger lenken die Aufmerksamkeit zunächst auf einen Arm, während Geübtere sogleich den gesamten Körper fokussieren.

Im nächsten Schritt wird die Vorstellung einer gleichmäßigen Atmung, dann eines regelmäßigen Herzschlags und schließlich einer ausstrahlenden Wärme in der unteren Bauchregion angeregt. Zu Beginn werden die entsprechenden Formeln mehrfach wiederholt. Im Verlauf verkürzt sich die Dauer. Mit etwas Übungspraxis reichen schließlich die Schlüsselworte aus.

Als letzter Schritt wird eine angenehme Stirnkühle angeregt, es folgt eine kurze Zeit des Nachspürens der mittlerweile tiefgehenden Entspannung. Fortgeschrittene besinnen sich in dieser Zeit intensiv auf ihre persönlichen hilfreichen Vorsätze, die sie im Vorfeld formulieren. Geendet wird mit einer prägnanten Rücknahme, die dazu dient wieder frisch und auf das Außen konzentriert zu werden.

In der weiterführenden Stufe konzentriert sich der Übende auf verschiedene innere Bilder. Die bewusste Versenkung im Zustand der Tiefenentspannung ermöglicht eine veränderte Bearbeitung aufsteigender Emotionen oder Gedanken als im Alltagsbewusstsein. Manch einer lernt sich so auf eine neue Weise kennen, entdeckt unbewusste Handlungsmuster oder findet alternative Lösungen für anstehende Fragen.

Anwendung und Kontraindikation

Die Methode wirkt als allgemeine Gesundheitsvorsorge ebenso wie begleitend bei bestehenden Beschwerden. Das Auftreten und die Intensität psychosomatischer Symptome können durch die selbst gesteuerten Ruhepausen verringert werden. So verhilft Autogenes Training besonders bei Unruhe, Nervosität, persönlichen Konflikten oder Schlafstörungen zu Gelassenheit und innerer Ruhe. Die regelmäßige Anwendung entschärft Stresssituationen und senkt die Schmerzempfindlichkeit. Auch als Einschlafhilfe wird das Autogene Training gerne angewandt. Im Sport wird die Methode genutzt, um Erholungspausen optimal zu nutzen.

Grundsätzlich ist eine Abstimmung mit dem Arzt hilfreich. So kann die intensive Konzentration auf sich selbst bei Menschen mit starken psychischen Störungen kontraproduktiv sein und z. B. Ängste verstärken. Auch bei akuten Beschwerden, wie Kopfschmerzen oder nach akuten Operationen ist es nicht zu empfehlen.

Progressive Muskelentspannung

Bei der Progressiven Muskelrelaxation (nach E. Jacobsen) werden bestimmte Muskelgruppen bewusst kurzzeitig angespannt und wieder entspannt. Belastende Gedankenkarusselle werden unterbrochen und auf konkretes Tun umgeleitet, die Aufmerksamkeit richtet sich auf das unterschiedliche Empfinden bei Anspannung und Entspannung. Die Entspannungsphase wird vertieft, um dieses Gefühl allmählich zu verinnerlichen. Erwiesenermaßen setzt sich die Entspannung durch diese Vorgehensweise schrittweise in die tieferliegende Muskulatur fort. Die körperliche Gelöstheit führt zu einem umfassenden Wohlgefühl, in dem auch der Geist loslassen kann.

Gerade für Einsteiger in systematische Entspannungsmethoden ist die Progressive Muskelentspannung häufig eine gute Wahl. Die Aufmerksamkeit wird gelenkt, die Wahrnehmung des eigenen Körpers verbessert sich. Manch einer entdeckt, wie er neben dem angesagten Körperbereich weitere, nicht für die Aufgabe benötigte Muskelpartien anspannt. Diese Erkenntnis kann von nun an im Alltag immer wieder überprüft und die entsprechenden Muskeln bewusst entspannt werden.

Die Progressive Muskelentspannung stärkt die Körperwahrnehmung und verdeutlicht die Wechselwirkung zwischen inneren Anspannungen, wie Sorge oder Ärger und begleitenden Muskelanspannungen. Wer diesen Zusammenhang erkennt, weiß nun wie er beide im Alltag ein stückweit eindämmen kann.

Möglicher Ablauf und Formen der Progressiven Muskelentspannung

In der Regel beginnt die Progressive Muskelentspannung mit der Wahrnehmung der Ursprungsposition, ähnlich der Körperreise. Der Anleitende führt nun durch die einzelnen Muskelgruppen. Anschließend wird die Wahrnehmung noch einmal in Kurzform schrittweise durch den Körper geführt und zu einer kompletten Körperanspannung mit anschließender Entspannung angeleitet. Als Abschluss erfolgt die sogenannte Rücknahme, welche die Aufmerksamkeit wieder in das Hier und Jetzt lenkt.

Begonnen wird mit der langen Form, welche 16 kleinere Muskelgruppen beinhaltet. Mit zunehmender Erfahrung wird die Übungseinheit auf 7, bzw. auf 4 Muskelgruppen verkürzt, welche alle 16 Muskelgruppen zusammenfassen. Die Übungsdauer reduziert sich entsprechend. Durch die kontinuierliche Praxis der

PMR wird der Körper soweit konditioniert, dass die Entspannung schließlich allein durch die sogenannte Vergegenwärtigung der Entspannung in den 4 Muskelgruppen eintritt. Der Übende ruft sich dabei das Gefühl von Entspannung gedanklich in Erinnerung.

Anwendung und Kontraindikation

Im Allgemeinen wird die Progressive Muskelentspannung als vorbeugende Maßnahme zur Gesunderhaltung, zur Steigerung des Wohlbefindens und zur Verbesserung der Körperwahrnehmung eingesetzt. Daneben eignet sie sich als begleitende Maßnahme bei der Behandlung von psychosomatischen Erkrankungen oder in Zeiten großer Belastungen.

Für einen gesunden Menschen gilt, dass jede willentliche körperliche Anspannung irgendwann ihren Höhepunkt erreicht. Wird dieser überschritten folgt unweigerlich die totale Entspannung. Liegt jedoch eine Neigung zu Muskelkrämpfen vor, sollte ebenso mit dem behandelnden Arzt Rücksprache gehalten werden, wie bei akuten oder bestehenden organischen Krankheiten, körperlichen Behinderungen oder akuten Schmerzen. Dies gilt auch bei starken Ängsten oder der Einnahme von Beruhigungsmitteln.

Qi Gong

Versetzen Sie sich gedanklich zurück in einen Moment, in dem Sie sich gänzlich wohl und zufrieden gefühlt haben, gleichzeitig gelassen und energievoll. Vermutlich befanden Sie sich damals in einem Zustand innerer Harmonie, der sich gleichzeitig auf Ihr körperliches Wohlbefinden ausgebreitet hat. Man könnte auch sagen, Sie befanden sich „im Fluss“, alles war gut, so wie es war, Sie waren eins mit sich und der Welt.

Was Sie in diesem Moment empfunden haben, waren vermutlich weder der Blutfluss in den Adern, noch die elektrischen Impulse des Herzens oder die Versorgung Ihrer Körperzellen mit Sauerstoff. Möglicherweise konnten Sie einen Energiefluss spüren, der Ihren Körper ungehindert durchströmte.

Nach der chinesischen Medizin ist unser Körper mit Energiebahnen (sogenannten Meridianen) durchzogen, in denen unsere Lebensenergie (Qi) wie in Flüssen durch den Körper und die inneren Organe strömt und sich in verschiedenen Meeren, den Energiezentren (Dantien) sammelt. Dieser Energiefluss unterliegt dem natürlichen Wechsel von Aktion und Regeneration, wobei das Ziel im Gleichgewicht der Gegenpole, wie Arbeit und Erholung, Geben und Nehmen oder Süßem und Saurem liegt.

Qi Gong ist eine Art Heilgymnastik, bei der die Lebensenergie (Qi) durch beharrliches Üben (Gong) gestärkt und in Fluss gebracht wird. Die gleichmäßigen, harmonischen Bewegungen der Qi-Gong-Übungen werden bewusst und langsam ausgeführt und nach Belieben wiederholt. Die Durchführung ist leicht zu erlernen, so kann die Beobachtung bald auf die Wirkung der Übungen gelenkt werden. Die Ruhe und Sanftheit überträgt sich in der Regel ebenso auf den Atem, wie auf den Geist, dessen kreisende Gedanken sich in dem ebenmäßigen Rhythmus sowohl zerstreuen als auch sammeln können.

Übungen mit wiederholenden Körperbewegungen wirken meist in Kürze harmonisierend. Bildhafte Beschreibungen der Übungsformen ermuntern dazu sich konzentriert, jedoch ohne Perfektionismus in die Bewegungen oder auch in regungslose Körperhaltungen einzufinden. Die Selbstbeobachtung wird geschult, der Atem reguliert und die Vorstellungskraft bestärkt das Empfinden, sich beispielsweise wie ein Baum fest in der Erde verwurzelt zu fühlen, mit zugleich aufrechter und flexibler Baumkrone. Jede Minute der Übung trägt zur Harmonisierung bei, insbesondere wenn täglich etwas Zeit dafür aufgebracht wird.

Tai Chi

Die Übungen, deren Bezeichnungen die Entwicklung des Tai Chi aus der chinesischen Kampfkunst erkennen lässt, gehen fließend in einander über, vergleichbar mit der Choreografie eines Tanzes. Wie bei Qi Gong geht es auch hier um das Gleichgewicht von Aktivität und Entspannung, sowie der Ausgeglichenheit von Körper und Geist. Das Chi (unsere Lebenskraft) wird durch die Übungen gestärkt, der Energiefluss des Körpers angeregt und ausgeglichen.

Die körperliche Leistungsfähigkeit verbessert sich durch regelmäßiges Training. Wechselnde Fußstellungen und Körperhaltungen halten die Gelenke beweglich, stärken die Muskeln und den Gleichgewichtssinn. Auch die Funktion der inneren Organe wird angeregt, so trägt kontinuierliches Praktizieren nicht nur zur Gesunderhaltung bei, sondern kann auch eine dauerhafte Besserung z. B. von Belastungssymptomen und eine Stärkung der Selbstheilungskräfte bewirken.

Für viele Menschen ist Tai Chi eine wunderbare Methode den Körper flexibel zu halten und zugleich den Geist zu beschäftigen. So wird Tai Chi auch als Bewegungsmeditation genutzt. Die gleichmäßigen Bewegungsfolgen werden meist bewusst, weich und langsam ausgeführt und beruhigen so den sprunghaften Geist. Die Aufmerksamkeit liegt auf den geschmeidigen Bewegungen, die Atmung vertieft sich und verbindet sich mit ihnen.

Zum Erlernen dieser verzaubernden Bewegungskunst bedarf es Konzentration und Ausdauer, gleichzeitig ist es wichtig nicht zu viel zu wollen und sich den Übungen hinzugeben. Verspannungen und kreisende Gedanken loszulassen führt zu einer Ausgeglichenheit von Körper, Seele und Geist. Auch in der Bewegung Ruhe bewahren, Körperspannung und Lockerheit vereinen, als trügen wir ein tiefes inneres Lächeln in uns, das unser gesamtes Sein und unseren Körper erfüllt. Um häufiger und beständiger inneres und äußeres Gleichgewicht zu erfahren, kann Tai Chi als wertvoller Schlüssel wirken.

Die Seele zum Klingen bringen

„Was wir in uns nähren, das wächst;
das ist ein ewiges Naturgesetz.“
Johann Wolfgang von Goethe

Ein angefüllter Alltag wird beschwingter gemeistert, wenn er erfrischende Wegweiser für die Seele enthält. Kleine Gesten der Zuneigung, eine verzaubernde Melodie, ein packendes Buch oder ein tröstendes Gebet wirken wie klares Quellwasser bei einer schweißtreibenden Wanderung.

Neben materiellen Dingen belebt uns gerade das, was man nicht kaufen kann: Inspiration, Glaube, Aufmerksamkeit, Wertschätzung, Anerkennung, Liebe und Verständnis. So ermöglicht die tief empfundene und gelebte Fürsorge für einen Menschen eine neue Begegnung miteinander, in der Grenzen und ungewohnte Empfindungen, aber auch ungeahnte Facetten des Miteinanders und bisher verborgene Geschicke von Pflegenden wie Pflege-Empfangenden entdeckt werden können. Glück, so heißt es, vermehrt sich, wenn man es teilt. Und wie bereits angesprochen, legen wir mit unseren Gedanken die Richtung fest, in der wir die Welt wahrnehmen. Nehmen wir dies als Ansporn stärkende und erhebende Aufmerksamkeiten in unser Leben einzubinden.

Persönliche Schatztruhe

Vielleicht hatten Sie als Kind ein Geheimversteck, in dem Sie Ihre liebsten Kostbarkeiten verbargen. Erinnern Sie sich an die Glückseligkeit, die Sie beim Betrachten Ihrer Schätze durchströmte? Eine persönliche Schatztruhe kann auch bei einem Erwachsenen Glücksgefühle wecken, Lebensmut schenken und freudige Erinnerungen wachrufen.

Ihre persönliche Schatztruhe kann ein Schuhkarton sein, in dem Sie alte Postkarten oder Souvenirs aufbewahren. Vielleicht haben Sie Ihre Kostbarkeiten in einer Vitrine aufgereiht. Möglicherweise besteht Ihr Schatz aus einem Tagebuch mit Fotos, Briefen und Zeichnungen. Vielleicht birgt ein Video, ein Schal oder ein Möbelstück Ihre wertvollsten Erinnerungen. Rufen Sie sich diese Geschenke des Lebens immer wieder ins Gedächtnis. Dankbar sein kann man üben, z. B. indem man ein Dankbarkeitstagebuch führt (→ Kap. 4). Es lohnt sich, denn Dankbarkeit macht froh und reinigt das Gemüt.

Machen Sie sich selbst eine Freude mit einer Art Überraschungskalender für jeden Tag. Notieren Sie schöne Erlebnisse, Aussprüche der Enkel oder Kinder, lustige oder erhebende Weisheiten, Gedichte, Cartoons o. ä. auf bunte Zettel. Formen Sie kleine Rollen daraus und bestücken Sie die Fächer eines Setzkastens damit. Auch ein schönes Gefäß kann als Glücksbote umfunktioniert werden, aus dem täglich ein Zettel gezogen wird. Machen Sie die Botschaften Ihres täglichen Freudekalenders zum Tagesmotto, so dass Sie sich im Tagesverlauf immer wieder daran erfreuen.

Tageskarten mit Anregungen für einen erfüllenden und zufriedenen Tag, an dem Sie sich selbst etwas Gutes schenken finden Sie in Kapitel 9. Erweitern Sie die Karten nach Belieben und fügen Sie Ihre ganz persönlichen Glücksbringer hinzu.

Achtsam (er-)leben

Achtsamkeit im Alltag

Viele Handlungen im Alltag führen wir aus, ohne darüber nachzudenken. Obwohl wir es gewohnt sind, mehrere Dinge gleichzeitig zu erledigen, beschleicht uns abends manchmal die Frage, was wir eigentlich den ganzen Tag über getan haben. Wer ständig auf „machen“ programmiert ist, läuft Gefahr das Wahrnehmen zu verlernen. Lenken wir unsere Aufmerksamkeit gezielt auf einzelne Handlungen oder unsere Sinneswahrnehmungen, erlangen alltägliche Situationen plötzlich wieder Bedeutsamkeit. Dabei reichen selbst kleine Zeitfenster aus, um Achtsamkeit zu üben.

Gerade bei Unruhe kann die bewusste Wahrnehmung über einzelne Sinnesorgane Ruhe und Ausgeglichenheit bewirken. Ähnlich wie bei den systematischen Entspannungsmethoden wirkt die achtsame Wahrnehmung besonders intensiv, wenn wir sie bereits einige Male praktiziert haben, bevor wir sie in einer angespannten Situation einsetzen.

Gewohnte Abläufe anders als üblich auszuführen, schärft unsere Aufmerksamkeit. Führen Sie das Zähneputzen hin und wieder mit der anderen Hand aus, trinken Sie morgens einmal einen Tee statt einem Kaffee (oder umgekehrt), probieren Sie beim Kleidereinkauf etwas an, dass Sie „niemals tragen würden" oder beginnen Sie im Café einmal ein Gespräch mit fremden Menschen.

Eine Achtsamkeitserfahrung in dem bevorzugten Wahrnehmungskanal kann besonders intensiv erlebt werden. Das bevorzugte Sinnesorgan ist bisweilen bereits in der Wortwahl erkennbar. So kann es sein, dass ein Mensch „den Durchblick hat" (sehen) oder „sich etwas für ihn gut anhört" (hören) oder er „alles im Griff hat" (fühlen), wenn er sich seiner Sache sicher ist. Neue Fertigkeiten eignet sich ein Mensch am liebsten durch zuschauen (sehen), diskutieren (hören) oder ausprobieren (fühlen) an. Im Kontakt mit anderen legt ein Mensch vielleicht besonderen Wert auf seine Kleidung (sehen), eine gewählte Ausdrucksweise (hören) oder eine angemessene Gestaltung der Atmosphäre (fühlen).

Achtsamkeit üben

Achtsamkeitsübungen sind ein Genuss für Körper und Seele. Wer sich täglich etwas Schönes gönnt, übt sich darin, mit allen Sinnen zu genießen.

In kleinen Schritten können wir üben, wieder achtsamer zu werden. Indem wir zum Beispiel wieder einmal barfuß gehen, die feinen Unterschiede von Teppich, Fliesen und Parkett erspüren und die Füße in einem langsamen Gehtempo bewusst aufsetzen und abrollen. Es muss nicht immer der Besuch eines Barfußpfades sein, denn Waldboden, Wiesen und Kiesel finden sich an vielen Stellen. Gepaart mit kleinen gymnastischen Übungen werden die Füße wieder beweglicher, kräftiger und erhalten einen sichereren Stand.

Wer eine Mahlzeit bewusst genießt, erlebt vielleicht längst vergessene Geschmacksdimension. Die Farben der Speisen betrachten, bewusst und ausgiebig kauen, das Besteck nach ein paar Bissen ablegen, sich ohne Ablenkung durch Zeitung oder Fernsehen ganz auf die Mahlzeit konzentrieren, die einzelnen Zutaten und Gewürze herausschmecken und die Konsistenz der Speisen auf der Zunge zergehen lassen. Ein Essen mit verbundenen Augen ist ein Erlebnis der besonderen Art. Der Geist nimmt Urlaub von kreisenden Gedanken und wendet sich dem Ertasten, Riechen und Schmecken zu.

Wird dem Körper gezielte Aufmerksamkeit gespendet, kann er auf neue und wohltuende Art wahrgenommen werden. So verwöhnt ein Bad mit anregenden oder schmeichelnden Düften die Nase, das warme Wasser umspielt den Körper und vermittelt ein Gefühl von Schwerelosigkeit. Erfolgt die anschließende Hautpflege bewusst mit langsamen und fließenden Bewegungen, werden die Körpergrenzen wohltuend wahrgenommen und die Muskeln können entspannen.

Es gibt vielfältige Möglichkeiten, jeden Tag Sinn-Volles zu erleben. Lenken wir die Aufmerksamkeit auf die Sinne, wird das Er-Leben in den Vordergrund gerückt und die Zufriedenheit steigt.

Mögliche Achtsamkeitsübungen für unsere Sinne, sowie die Anleitung für eine mögliche Sinnesreise finden Sie in Kapitel 9. Sie können die Materialien nach Belieben erweitern und die Reise kreativ verändern.

Sich pflegerisches Wissen aneignen

„Man muss viel gelernt haben, um über das, was man nicht weiß, fragen zu können."
Jean-Jaques Rousseau

Die Fürsorge für einen pflegeempfangenden Angehörigen wird durch Kenntnisse und Fertigkeiten erleichtert, die in einem Pflegekurs erlernt werden können. Angeboten werden Pflegekurse häufig von ambulanten Pflegediensten, Nachbarschaftshilfen, Volkshochschulen, kirchlichen Organisationen, der freien Wohlfahrtspflege oder Bildungsvereinen o. ä., welche von den Pflegekassen dazu beauftragt werden.

Wie im XI Sozialgesetzbuch beschrieben, werden von den Pflegekassen ermächtigte Kurse kostenfrei angeboten. Krankenkassen, Pflegestützpunkte, Seniorenzentren u. v. m. informieren darüber, welche Anbieter in der direkten Umgebung zu finden sind. Viele Städte und Gemeinden geben zudem kostenlose Senioren- oder Gesundheitsratgeber mit vielfältigen Adressen und Beiträgen heraus, die im Internet zu finden sind oder z. B. in Rathaus, Landratsamt, Bürgerbüro etc. ausliegen.

Die Inhalte der Pflegekurse sind alltagspraktisch ausgerichtet. Neben rückenschonenden Arbeitstechniken werden beispielsweise Methoden zur Mobilisation und Lagerung vermittelt, sowie Maßnahmen zur Verhinderung von Folgeerkrankungen, wie z. B. dem Wundliegen oder von Gelenkversteifungen. Prinzipien der

Hygiene und Hilfsmittel werden ebenso vorgestellt wie grundlegende Informationen zur Pflegeversicherung oder zum Betreuungsrecht. Des Weiteren bieten die Kurse Raum für Austausch, Gespräche und Anregungen zur persönlichen Entlastung.

Während der Schulungszeit kann der Pflegeempfangende von dem ambulanten Pflegedienst versorgt werden. Ist der Betreffende in eine Pflegestufe eingestuft, kann diese Leistung im Rahmen der Verhinderungspflege (→ Kap. 7) direkt mit der Pflegekasse abgerechnet werden.

Spezifische Schulungen informieren zudem über die Pflege von Menschen mit speziellen Krankheitsbildern wie z. B. Demenz, Morbus Parkinson oder Schlaganfall. Eine individuelle Schulung kann auch in den eigenen vier Wänden stattfinden. Die anleitende Pflegefachkraft orientiert sich hierbei an den individuellen Bedürfnissen und den räumlichen und persönlichen Gegebenheiten.

Ausführlichere Schwestern- oder Pflegediensthelferlehrgänge müssen selbst finanziert werden. Sie bieten eine intensivere Einführung in die Pflegetätigkeit und sind zudem ein idealer Einstieg für eine berufliche Tätigkeit in der Pflege. Die theoretisch bearbeiteten Inhalte werden in einem Pflegepraktikum umgesetzt und vertieft.

Auseinandersetzung mit der Endlichkeit

„Wir sollten das Leben verlassen wie ein Bankett:
Weder durstig noch betrunken."
Aristoteles

Abschied von einander nehmen

Die Fürsorge für den geschätzten Angehörigen beinhaltet irgendwann auch, sich mit der Endlichkeit vertraut zu machen. Statt dagegen aufzubegehren hilft es, die gemeinsame Zeit als ein Geschenk anzusehen und sie bewusst zu gestalten. Wie tröstlich ist es später, mit einem Lächeln daran zurückzudenken! Vielleicht hilft es auch, die pflegerischen Aufgaben an geschulte Hospizhelfer, Palliativ- oder Pflegefachkräfte abzugeben und dem Sterbenden wieder ausschließlich als Partnerin, Sohn, Schwiegertochter, Enkel … beizustehen und Abschied nehmen zu können. Wohnortnahe Palliativstationen und Hospizdienste sind im Internet z. B. unter dem Suchbegriff „Hospiz" zu finden.

Welche Erlebnisse können nun noch mit einander geteilt, welche Angelegenheiten geregelt, welche Fragen gestellt, welche Erkenntnisse weiter gegeben und welche Augenblicke zelebriert werden? Es gibt viele Wege einander wertzuschätzen und Dank zu sagen. Zerwürfnisse, Kränkungen oder ungelöste Konflikte zu Lebzeiten verzeihen reinigt und tilgt mögliche Schuldgefühle. Verstirbt eine wichtige Bezugsperson kann der verständnisvolle Beistand Nahestehender eine tröstliche Perspektive sein. Alltagspraktische Dinge voneinander lernen vertieft die beiderseitige Gewissheit, dass der Zurückbleibende zurechtkommen wird. Auch eine gesicherten Existenz oder eine neue sinnstiftende Aufgabe können ermutigen.

Vielleicht ist die Trauer nach dem Verlust eines geliebten Menschen ein Versuch der Seele, sich dem Unfassbarem zu nähern. Der Tod ist unbegreiflich. Die Trauer zulassen, sie durchleben, sich den aufwühlenden Emotionen stellen und mit anderen Betroffenen austauschen ist dabei auch eine hilfreiche Vorbereitung auf die Auseinandersetzung mit dem eigenen Werden und Vergehen.

Trauergruppen bieten Raum Ängste auszusprechen, wie die Angst vor möglicher Gebrechlichkeit, die Angst vor dem eigenen Sterben, vor Schmerzen, Einsamkeit, Hilflosigkeit, dem Verlust von allem, was uns wichtig ist u. v. m. Doch auch ermutigende Erfahrungen und Erlebnisse werden hier geteilt. Selbsthilfegruppen in der näheren Umgebung können im Internet z. B. unter dem Suchbegriff „Trauergruppe" ausfindig gemacht werden.

Annehmen der eigenen Endlichkeit

Die Kostbarkeit der Lebenszeit, das Geschenk eines aktiven Körpers oder die Wachheit des Geistes gewinnen an Bedeutsamkeit, wenn wir uns deren Vergänglichkeit bewusst werden. So schmerzhaft es sein kann, den Tod zu akzeptieren, so befreiend kann es sein, aufzuhören gegen etwas zu wüten, was man nicht ändern kann. Wer mit der eigenen Sterblichkeit einverstanden ist, konzentriert sich mehr auf das wirklich Wesentliche, überprüft seine Wertvorstellungen und strebt nach Sinn-Vollem in seinem Leben.

Sich mit dem großen Abschied vertraut zu machen, fällt vielleicht besonders schwer, wenn man glaubt zu viel versäumt, sich etwas nicht eingestanden oder zu wenig gewagt zu haben. Richten wir unser Leben nach dem aus, was uns wirklich wichtig ist, ist jeder Tag erfüllt und der endgültige Abschied verliert ein stückweit seinen Schrecken. So kann die Auseinandersetzung mit der Endlichkeit ein großer Schritt in unserer persönlichen Weiterentwicklung sein.

Erlauben Sie sich, persönliche Träume und Vorsätze zu haben, auch für die Zeit nach dem Ableben Ihres Angehörigen. Fragen Sie sich, was Sie erfahren oder erleben möchten, bevor Sie selbst diese Welt verlassen.

6 Gemeinschaft macht stark

„Im Grunde sind es doch die Verbindungen mit den Menschen, welche dem Leben seinen Wert geben."
Wilhelm von Humboldt

In einer Gemeinschaft findet sich eine Vielfalt an Sichtweisen, Begabungen, Kenntnissen und Möglichkeiten, die einer Person allein nicht zur Verfügung steht. Jede Gemeinschaft stärkt den Einzelnen in seiner jeweiligen Lebenssituation, gibt ihm Halt und Perspektiven. Gemeinsamkeiten wie ähnliche Werte oder Interessen bilden die Basis.

Was macht uns als Familie bzw. Partner aus?

Die Familie ist eine besondere Gemeinschaft. Familienmitglieder sind aneinander gewöhnt, haben ihre eigenen Gesetzmäßigkeiten des Miteinanders entwickelt und legen nicht alle spontanen Aussprüche auf die Goldwaage. Gemeinsame Erlebnisse und Gepflogenheiten schweißen zusammen, die Verbundenheit wird bei gemeinschaftlichen Aktivitäten und Familienfeiern intensiviert. So ist es nicht verwunderlich dass 2004 etwa zwei Drittel der Deutschen angaben, eine Familie zu haben sei für sie die Voraussetzung um glücklich zu sein (*Institut für Demoskopie Allensbach 2004*). Gerade das Familienleben mit Kindern zeichnet sich oftmals durch gemeinsame Unternehmungen, regen Austausch und häufiges Lachen aus.

Auch eine beständige Partnerschaft basiert häufig auf gemeinsamen Idealen, ähnlichen Wertvorstellungen und Weltanschauungen. Paare, die einander respektieren und auch nach langjähriger Beziehung ehrliches Interesse am anderen zeigen, bewältigen die natürlichen Höhen und Tiefen gemeinsam und gehen meist gestärkt daraus hervor.

Gemeinsame Werte, Wünsche und Möglichkeiten

Die engen Beziehungen in einer Familie verstärken die gegenseitige Verlässlichkeit. Im Idealfall halten Familienmitglieder zusammen, unterstützen einander bei der persönlichen Weiterentwicklung, fangen sich gegenseitig auf, spenden Trost, nehmen auf einander Rücksicht und suchen nach Möglichkeiten dem anderen eine Freude zu bereiten. Rituale und Werte einer Familie werden häufig von einer Generation an die andere weiter gegeben. Sie verstärken die Verbundenheit und vermitteln Geborgenheit und Sicherheit. Mag sich die Welt noch so stark wandeln, die Familie vermittelt ein Gefühl des Zu-Hause-seins, mit allen freudigen, wie ärgerlichen Einzelheiten, welche diesen Ort ausmachen.

Gegenseitige Unterstützung

Wichtiger als Harmonie ist ein ebenbürtiger und wertschätzender Umgang miteinander, in dem auch divergierende Ansichten ausgesprochen werden können. Mit Beginn des Pflegebedarfs liegt das Augenmerk meist auf den Veränderungen und Einschränkungen. Doch die wesentlichen Stärken einer Familie bleiben erhalten und gemeinsam können Sie die verborgenen Kraftquellen Ihrer Familie wieder entdecken und nutzen.

> Nehmen Sie sich etwas Zeit und schreiben Sie und Ihre Angehörigen auf, was Ihnen an Ihrer Familie gefällt. Was ist Ihnen allen wichtig, worauf möchten Sie in Ihrer Familie nicht verzichten? Welche Wünsche haben Sie für das Zusammenleben? Tauschen Sie sich nun darüber aus. Gibt es gemeinsame Träume?

Wagen Sie auch auszusprechen, was Ihnen unrealistisch erscheint. Gemeinsam können Sie mehr erreichen als alleine. Wägen Sie die Möglichkeiten ab. Manchmal hilft es die eigenen gedanklichen Barrieren zu sprengen, indem man zunächst völlig illusorische Wege durchdenkt und herzlich darüber lacht. Wer bisher ungeahnte Möglichkeiten in Betracht zieht, öffnet sich für Alternativen und kann positiv überrascht werden.

Es ist hilfreich vereinbarte Aufgabenverteilungen in Familiengesprächen immer wieder zu begutachten und bei Bedarf neu zu definieren. Erlauben Sie sich selbst und einander Erholung zu beanspruchen. Häufig sind es die Kleinigkeiten im Alltag oder gleichförmige Wiederholungen, die unsere Geduld auf die Probe stellen. Erinnern Sie sich daran, dass Ihr Gegenüber nicht wirklich wissen kann, wie belastet Sie sich fühlen. Wird deutlich welche Situation belastet und was dies an Gefühlen, Gedanken und Handlungen auslöst, kann gemeinsam eine Lösung gefunden und eine Auszeit ermöglicht werden.

Wie viel Zeit brauchen Sie für sich, Ihren Partner, die Kinder? Freiräume für gemeinsame Auszeiten, mit oder ohne den Pflege-Empfangenden geben Ihnen die Gelegenheit abzuschalten. Womöglich erleichtern Sie Ihre Angehörigen auch von der Sorge, Ihnen zu Last zu fallen, weil sie Ihre Ausgeglichenheit nach einer Erholungszeit erleben.

Die Pflege des Partners

Partner nehmen die Welt mit zunehmender Vertrautheit ähnlich wahr, entwickeln bei aller Verschiedenheit gemeinsame Gewohnheiten und Verhaltensweisen. Wer den anderen stets so angenommen hat, wie er ist, wer sich gegenseitig Freiräume zugestand und gleichzeitig für einander Verantwortung trug, der meistert gewiss auch die Veränderung durch einen entstandenen Pflegebedarf.

Entziehen Sie sich ab und zu gemeinsam dem Alltag. Geteilte schöne Erlebnisse können von den Beschwernissen ablenken und den Geist in eine Zeit entführen, in der noch alles möglich war.

Sie bleiben Partner, auch wenn die Selbständigkeit ihres Partners sich verringert. Sie begegnen einander weiterhin als Paar, nicht als Elternteil und Kind oder als Pflegeperson und Kranker. Es spielt nicht wirklich eine Rolle zwischen ihnen als Paar, dass körperliche Fähigkeiten nachlassen, allerdings verändern diese ihre gemeinsamen Aktivitäten. Sie nehmen einander und ihre Bedürfnisse ernst und gehen liebevoll mit den kleinen und größeren Defiziten um, so wie sie es immer getan haben.

Vielleicht haben Sie oder Ihre Angehörigen durch die tägliche Konfrontation mit körperlichen Einschränkungen Hemmungen, Zärtlichkeit auszuleben. In diesem Fall kann es hilfreich sein die Unterstützung z. B. bei der Körperpflege oder den Ausscheidungen an Dritte abzugeben. So bleibt die Sexualität eine beglückende Begegnung der Lebenspartner.

Wenn die geistigen Fähigkeiten der Partnerin nachlassen, kann es hilfreich sein immer wieder an gemeinsamen Paarerinnerungen anzuknüpfen. Das gemeinsame Betrachten von Fotos oder Ausflüge zu Orten, die für Sie bedeutsam waren, halten diese wach. Vielleicht hilft es auch, sich phantasievoll in ihre Welt hineinzuversetzen und so auf eine neue Weise in Kontakt zu treten. Ist der Verstand auch ver-rückt, so kann die Verbindung auf der Gefühlsebene nach wie vor bereichern. Je mehr Sie sich auf die erhaltenen Fähigkeiten und die liebenswerten Seiten Ihrer Partnerin konzentrieren, desto weniger wird Ihre Achtung beschädigt und umso beständiger wird die gemeinsame Vertrautheit gestärkt.

Perspektivwechsel

Bekannte Rollen und Aufgaben neu definieren

Bei dauerhafter Betreuung oder Pflege verändert sich das Familienleben grundlegend. Es ist hilfreich, sich daran zu erinnern, wie viele Umbruchphasen die Familie bisher erfolgreich gemeistert hat. Nun beginnt ein weiterer Lebensabschnitt und jedes Familienmitglied trägt seinen Teil zum Gelingen bei. Werden Alltagsaufgaben und die Pflege allein einer Person überlassen, übertragen sich Belastung und Sorge ohnehin früher oder später auf alle Beteiligten. Je frühzeitiger also jedes Familienmitglied eingebunden wird, umso leichter wird es für alle. So wachsen auch gegenseitiges Verständnis und die Anerkennung der bisherigen Selbstverständlichkeiten.

Klären Sie zunächst für eine Woche ganz konkret miteinander, wer an welchen Tagen welche Aufgaben (auch im Haushalt etc.) übernimmt. Wechseln Sie die Aufgaben, um zu verstehen, was sie beinhalten. Vereinbaren Sie einen regelmäßigen Familienrat, anfangs täglich, später z.B. wöchentlich, indem Sie offen besprechen, was wem welche Schwierigkeiten bereitet und achten Sie weiterhin auf eine faire Verteilung.

Es ist dem Familienfrieden zuträglich, unterschiedliche Vorstellungen der Hilfe anzusprechen und sich zu einigen. Eine sinnvolle Zeiteinteilung, insbesondere der Hauptpflegeperson ist ebenso hilfreich, wie das Zugeständnis, nicht alles wissen oder können zu müssen und sich allmählich mit dem Ungewohnten vertraut zu machen.

Wenn andere Familienmitglieder die Pflege für eine Zeitlang übernehmen, bekommen Sie ein wenig Abstand. Das Verständnis Ihrer Angehörigen wächst, weil diese selbst erleben, was den Pflege-Alltag ausmacht. Und sollte Ihr Pflege-Empfangender Angehöriger zuvor häufig unzufrieden sein, steigt womöglich auch dessen Anerkennung an Sie, denn er erfährt, dass jeder seine eigene Herangehensweise hat.

Ähnlich wie die Geburt oder der Auszug eines Kindes erfordert der Pflegebedarf nun eine Neuausrichtung der Familienstruktur. Dies kann zu Spannungen in Ehe und Familie führen. Wenn Eltern oder Partner, die vielleicht stets für uns gesorgt haben, nun selbst der Fürsorge bedürfen, werden Aktive zu Empfangenden und umgekehrt. Dennoch bleiben Ehepartner Ehepartner und Eltern bleiben Eltern. Die neuen Rollen ebenbürtig zu füllen will gelernt werden. Erlauben Sie sich das unbekannte Terrain allmählich zu erkunden. Je achtsamer Sie diese Verwandlung im Geiste mitverfolgen, desto eher entdecken Sie vielleicht hilfreiche und auch schöne Facetten dieses Rollenwechsels.

Manchmal ist es hilfreich den Blickwinkel zu erweitern und zu überlegen, wie ein anderer Mensch in der gleichen Situation denken oder handeln würde. Ändert sich die Perspektive, ergeben sich andere Handlungsmöglichkeiten. Ähnlich verhält es sich im Straßenverkehr: Fußgänger, Radfahrer und Autofahrer können in einer identischen Situation völlig unterschiedlich agieren.

Erkunden Sie, wie alle Familienmitglieder die Situation erleben. Fragen Sie auch andere Menschen, die Ihnen nahe sind. Welche Beobachtungen können sie Ihnen mitteilen?

Möglicherweise werden Freunde oder Nachbarn von Ihrem notwendigen Rollenwechsel inspiriert und üben sich darin, selbst auch einmal ungewohnte Aufgaben zu übernehmen um sich weiterzuentwickeln oder selbständiger zu werden.

Wenn Kinder und Jugendliche pflegen

Häufig helfen Kinder und Jugendliche bei der Pflege, Betreuung oder den alltäglichen Aufgaben mit. So sinnvoll ihre Mitwirkung einerseits ist, so wichtig ist ihre altersgerechte Lebensweise. Pflegende Kinder und Jugendliche brauchen Freizeit und den Kontakt mit ihren Freunden ebenso, wie ausreichend Schlaf, regelmäßige Mahlzeiten und Zeit für die Schulaufgaben.

Sie benötigen eine vertraute Person, mit der sie über ihre Gefühle und mögliche Belastungen sprechen können und die ein ehrliches Interesse daran hat, wie es ihnen mit der veränderten Situation geht. Hat sich ihr Verhältnis zu dem Pflege-empfangenden Eltern- oder Großelternteil verändert? Fühlen sie sich der Verantwortung gewachsen oder sind sie überfordert? Können sie die Aufgaben mit ihren schulischen Anforderungen gut vereinbaren? Verschiedene Initiativen bieten Unterstützung und Austauschmöglichkeiten für pflegende Kinder und Jugendliche und können im Internet z. B. unter den Suchbegriffen „Kinder pflegen Angehörige Deutschland“ oder „Wenn Kinder pflegen“ ermittelt werden.

Finden Sie ein Ritual, bei dem die Kinder täglich für eine bestimmte Zeit lang im Vordergrund stehen.

Vielleicht gibt es eine Pinnwand, an der die Kinder nach der Schule z. B. lustig gestaltete Kärtchen mit Aufschriften wie „Mir geht es richtig gut!“. „Ich bin zufrieden!“ und „Etwas gefällt mir nicht“ anheften. Diese erste Bestandsaufnahme der Befindlichkeit kann als Anhaltspunkt für das spätere Gespräch dienen, ohne sofort darüber reden zu müssen. Die nachfolgende Kinder-Zeit ist dann eine Gelegenheit, zum gemeinsamen Lachen, Spielen und Reden, so wie das Kind es benötigt.

Fähigkeiten und Potenziale pflegeempfangender Familienmitglieder und Partner

Jeder Mensch benötigt im Laufe seines Lebens immer wieder Unterstützung. Gleichzeitig verfügt er über Kenntnisse, Fähigkeiten und Fertigkeiten, von denen Familie und Partner profitieren können. So gestaltet sich das Geben und Nehmen auch bei Pflege- oder Betreuungsbedarf wechselseitig.

Rollentausch

Herr M. beglückte seine Familie als leidenschaftlicher Hobbykoch täglich mit schmackhaften Gerichten. Dankbar überließ seine Frau ihm diese Aufgabe. Seit seinem Schlaganfall fehlt Herrn M. nicht nur die Fingerfertigkeit zum Zerkleinern der Zutaten, auch kann er derzeit nicht alleine einkaufen gehen. Die Familie beschließt eine neue Aufgabenteilung. Herr M. erstellt am Computer eine detaillierte Einkaufsliste für den gemeinsam vereinbarten Speiseplan der nächsten Tage. Der Sohn kauft ein und beide Kinder wechseln sich, vom Vater instruiert, bei der Vorbereitung der Mahlzeiten ab. Mittlerweile probieren beide bald ebenso begeistert wie er neue Rezepte aus. Selbst Frau M. lässt sich bisweilen anstecken und kocht mit.

Mit dem Pflegebedarf ergeben sich neue Anforderungen, in denen alle Beteiligten ihren Handlungsspielraum finden müssen. Werden die Verpflichtungen geteilt, können auch ungekannte Fertigkeiten zutage treten. Vielleicht übernimmt eine Angehörige nun organisatorische Aufgaben, die noch vor kurzem ein Gräuel für sie waren und entdeckt, wieviel Freude sie ihr machen. Vielleicht fühlt sich der Partner einer erkrankten Frau beruhigter, weil er jetzt gelernt hat seine Kleidung zu waschen und eine einfache Mahlzeit zuzubereiten.

Emotionale Stärke wird oft gerade in schwierigen Lebenssituationen sichtbar. Das Zusammensein bietet zahlreiche Anknüpfungspunkte für Gespräche. Gemeinsame Erlebnisse, unerfüllte Träume, geheime Wünsche und Gedanken über die ungewisse Zukunft werden vielleicht in einer bisher ungekannten Vertrautheit ausgesprochen oder Zerwürfnisse ausgeräumt, jetzt, wo nicht mehr alles selbstverständlich und möglich ist.

Vielleicht lernen Sie durch das Vorbild Ihres pflegeempfangenden Angehörigen geduldiger, toleranter und liebevoller miteinander umzugehen. Doch möglicherweise bringt sein abwehrendes Verhalten Sie auch an Ihre Grenzen und Sie erkennen, was Sie aushalten und was nicht.

Fragen Sie sich, welche Seiten Sie an Ihrem Pflege-empfangenden Angehörigen am meisten schätzen. Womit und wobei unterstützt er Sie? Welche inspirierenden Erkenntnisse und Erfahrungen würden Ihnen ohne ihn fehlen? Wie bereichert die Herausforderung Pflege Ihre gemeinsame Geschichte? Welche gemeinsamen Wünsche und Ziele haben Sie heute miteinander?

Wie können wir Vertrautheit lebendig erhalten?

Unsere sozialen Kontakte pflegen

Neben der Familie gehören Freunde und gute Bekannte zu unserem täglichen sozialen Umfeld. Ein regelmäßiger Austausch stärkt die Verbundenheit und Solidarität, man nimmt am Leben des Anderen teil und weiß, welche Themen ihn beschäftigen.

In diesen gewachsenen Verbindungen bedarf es keiner großen Gesten, jedoch ein gewisses Maß an Beständigkeit und Gegenseitigkeit.

Die Sichtweise Außenstehender kann zudem wertvolle Impulse geben. Wie erleben sie die Situation? Wie würden sie handeln? Welche Einschränkungen würden sie in Kauf nehmen, welche nicht? Soziale Kontakte erweitern den eigenen Blickwinkel indem man ein Stückweit die Perspektive des Anderen einnimmt. Beide Seiten können profitieren und ihre Beziehung intensivieren, wenn sie eine Ahnung davon erhalten, wie es dem anderen gehen mag.

Wer ist uns wichtig und was wünschen wir uns von ihnen?

Wird die freie Zeit knapp und damit umso kostbarer, wirkt es stärkend sie mit Menschen zu verbringen, die uns gut tun, uns zum Lachen oder auf andere Gedanken bringen oder vor denen wir einfach laut denken können. Vielleicht ist es eine Nachbarin, die mit der Enkeltochter auf einen Plausch vorbeischaut, ein Kollege, der uns über berufliche Themen auf dem Laufenden hält, eine Bekannte aus dem Gymnastikkurs oder ein befreundetes Paar, mit dem wir früher gemeinsame Urlaube verbrachten.

Notieren Sie die Namen der Personen, mit denen Sie in Kontakt bleiben möchten. Vielleicht entdecken Sie, wer Ihnen ein Lächeln auf die Lippen zaubert. Machen Sie es sich zur Gewohnheit, sich einmal pro Woche mit einem anderen Menschen auszutauschen oder zu verabreden.

Es ist unerheblich, ob man etwas mit einander unternimmt oder vertraute Gespräche führt. Entscheidend ist es, die Verbindung zur Welt außerhalb der eigenen Häuslichkeit aufrecht zu erhalten und die eigenen Interessen weiterhin zu pflegen, wenn auch in reduzierter Form. Vermutlich werden die Gedanken bisweilen zu der Pflegesituation abschweifen. Erlauben Sie sich darüber zu reden und sich auf diese Weise zu entlasten. Sprechen Sie offen darüber, was Sie gemeinsam tun und worüber Sie sich austauschen möchten.

In einer vertrauten Beziehung dürfen zudem auch Themen ausgeklammert werden, die mehr Energie beanspruchen als zu geben. Und manchmal ist es schlichtweg hilfreich, sich eindeutig von Menschen abzugrenzen, die uns nicht gut tun, so dass mehr Zeit für die stärkenden Freundschaften bleibt.

Gewohnheiten und Rituale erhalten

Die gemeinsamen Theaterbesuche entführen die Gedanken für ein paar Stunden, die stärkende Rückengymnastik motiviert und auf dem Wochenmarkt begegnet man immer bekannten Gesichtern. Gab der Kirchgang stets Kraft und Zuversicht, so ist er nun umso wichtiger. Wer wöchentlich Tanzen oder zum Kaffeekränzchen geht, Schach spielt oder bei Schulaufgaben unterstützt, wird diese liebgewonnene Gewohnheit weiterführen wollen. Bei eingeschränkter oder zeitweilig ausgesetzter Berufstätigkeit kann die Teilnahme am Firmenstammtisch die Verbindung zu den Arbeitskollegen lebendig erhalten.

Vertraute Gewohnheiten geben Orientierung, Rituale beruhigen einen aufgewühlten Geist. Gemeinschaftliche Aktivitäten heben die Stimmung und verbinden Gleichgesinnte. Man kennt einander und muss nicht alles erklären, um sich anerkannt und aufgehoben zu fühlen. Gleichzeitig fällt der Austausch mit langjährigen Weggefährten zudem häufig leichter als sich unbekannten Menschen zu öffnen.

Erlauben Sie sich von Anfang an, wesentliche kraftspendende Unternehmungen beizubehalten. Je früher Sie damit beginnen, desto selbstverständlicher wird Ihre Umgebung dies akzeptieren und Sie dabei unterstützen.

Wie finden wir Gleichgesinnte?

Ähnlich Betroffene oder Menschen, die erfahren sind in der Begleitung von Pflege-Empfängern und ihren Angehörigen, sind eine wertvolle Stütze. Sie verstehen, oft ohne detaillierte Beschreibungen. Sie hören zu und packen mit an. Ihr Rat ist ein Angebot, geboren aus persönlichen Erkenntnissen, ihre Tipps sind kreativ, alltagsnah und von ihnen erprobt.

Angehörigengruppen und Netzwerke

Manchmal tut es einfach gut, sich nicht erklären zu müssen. Erzählen können ohne zu beschönigen, Ängste und Sorgen herauslassen ohne von gut gemeinten Ratschlägen getroffen zu werden, Ärger und Wut zu zeigen ohne sich zu zensieren. In Angehörigengruppen werden Erfahrungen geteilt, Möglichkeiten diskutiert und Anerkennung gezollt. Man stützt einander und kennt die Anforderungen der Aufgabe. Die Gemeinschaft hebt Einsamkeit und Isolation auf, man fühlt sich weniger alleingelassen und verstanden, erfährt hilfreiche Adressen und erhält wirksame Tipps im Umgang mit Versicherungen, Krankenkassen und Ärzten. Jeder hat etwas beizutragen und kann anderen damit weiterhelfen.

Raum für Angehörigengruppen bieten u. a. soziale Dienste, Nachbarschaftshilfen oder Pflegestützpunkte. Diese verfügen zudem über Netzwerke zu ortsnahen Hilfsangeboten sowie über Experten im Umgang mit pflegerischen und bürokratischen Vorgängen. Die Experten helfen z. B. dabei unverständliche Informationen zu verstehen, Hilfsmittel zu beantragen und die Papierflut zu bewältigen.

Viele Internetseiten bieten konkrete Adressen und themenbezogene Informationen und Ratschläge, zahlreiche Internetforen bedienen pflegende Angehörige mit Möglichkeiten zum Austausch und anonymer Onlineberatung. Sie sind im Internet z. B. unter den Suchbegriffen „Austausch / Forum pflegende Angehörige“ oder „Hilfen für pflegende Angehörige“ zu finden. Auch Zeitschriften für pflegende Angehörige enthalten allerlei aktuelle Informationen.

Helfer finden

Ein Freund erzählt

Mein Freund K. hat seine Interessen für die Pflege seiner Frau völlig hintenangestellt. Er verzichtet auf den geliebten Sport, findet nur noch selten zu den wöchentlichen Stammtischabenden und liest seiner Frau aus Romanen vor, die ihn langweilen. Seine Nachtruhe unterbricht er täglich mehrfach, um sie zu lagern, die Inkontinenzversorgung durchzuführen und ihr Getränke anzubieten. Er, der sich niemals um die Haushaltsführung kümmern musste, lernt zu kochen, die Wäsche zu waschen und die Fenster zu putzen.

Niemand muss sämtliche Aufgaben alleine übernehmen. Doch häufig ist dem Umfeld nicht bekannt, wo Erleichterung nottut. Wird der Hilfebedarf entsprechend dargestellt, wächst die Zahl der Helfer, wie es z. B. bei der Flut 2013 deutlich wurde.

Lassen Sie Ihre Familie, Freunde, Nachbarn und Bekannte Anteil nehmen und teilen Sie mit, was Sie sich von ihnen wünschen: ein offenes Ohr, einen Rat, vielleicht tatkräftige oder finanzielle Unterstützung oder Ablenkung, eine Recherche im Internet etc. Vermutlich ist die Unsicherheit Ihres Gegenübers größer wie Ihre und konkrete Anregungen werden dankbar aufgegriffen.

Nachbarschaftshilfen, Wohlfahrtsverbände, Seniorenbüros, Pflegestützpunkte, Soziale Dienste und viele weitere Initiativen und Vereine bieten durch Fachkräfte und geschulte Ehrenamtliche Unterstützung in allen Bereichen des täglichen Lebens an, z. B. in Form von Besuchs- und Betreuungsdiensten, Behindertenhilfe, Fahrdiensten, Botengängen, Einkäufen, Essensdiensten, Haushalts- und Reparaturhilfen. Fachstellen für pflegende Angehörige beraten, bieten Schulungen an und vermitteln ortsansässige Hilfsanbieter. Spezielle Beratung, Begleitung und Hilfsangebote für Angehörige Demenzkranker bieten gerontopsychiatrische Dienste und Alzheimer-Gesellschaften.

Eine Orientierung über potenzielle Angebote bieten u. a. die Internetportale des Bundesgesundheits- und Bundesfamilienministeriums. Sozialreferate, Landratsämter etc. der Städte und Kommunen führen in kostenfreien Broschüren wohnortnahe Unterstützungsmöglichkeiten für pflegende Angehörige oder Senioren mit Adressen ortsnaher Anbieter zusammen, die gedruckt oder online erhältlich sind.

Alternative Hilfsangebote

Viele Städte und Gemeinden ermöglichen auch kreative Hilfsangebote, in denen das Miteinander verschiedener Generationen gefördert wird. So z. B. das Projekt „Taschengeldbörse", in dem Schüler Senioren für ein kleines Taschengeld bei Einkauf, Gartenarbeit u. ä. zur Hand gehen. In vielen Städten werden auch Wohnpartnerschaften angeboten, im Internet z. B. unter dem Suchbegriff „Wohnen für Hilfe" oder bei diversen Studentenwerken zu finden. Die Mieter profitieren dabei von einer günstigen Miete, für die sie im Gegenzug bei den anfallenden Haus- und Gartenarbeiten unterstützen. Soweit es von beiden Seiten gewünscht wird, entwickelt sich durch die familiäre Wohnsituation auch eine persönliche Verbindung.

Privat können z. B. über Tauschbörsen mannigfaltige Tätigkeiten (wie Nachhilfe, Verleih, Büroarbeiten, hauswirtschaftliche oder handwerkliche Tätigkeiten, bisweilen auch soziale Betreuung, Fahrdienste etc.) gegen ebenso unterschiedliche Handreichungen kostenfrei getauscht werden. Da es sich in der Regel um Angebote von Laien handelt, ist es sinnvoll sich im Vorfeld kennen zu lernen und konkret zu besprechen, was man von einander erwartet und ob die Erwartungen erfüllt werden können.

Ein frühzeitig aufgebautes Netzwerk von Helfern erhöht die Hilfswahrscheinlichkeit im Bedarfsfall. Meist ist es leichter, eine bestehende monatliche Hilfe in eine wöchentliche zu verwandeln, als von jetzt auf gleich die passende Mithilfe zu finden. Zudem können die Beteiligten auf diese Weise mit der Zeit Vertrauen aufbauen.

7 Den Alltag gestalten

„Ein jegliches hat seine Zeit und alles Vorhaben unter dem Himmel hat seine Stunde."
Bibeltext (Prediger Salomo 3.1)

Ein Pflege- oder Betreuungsbedarf würfelt den gewohnten Alltag häufig durcheinander und fordert eine andere Zeiteinteilung, eine Umgestaltung der Wohnung oder ungewohnte Ausgaben. Es ist wichtig vertraute Herangehensweisen und Gewohnheiten zu überdenken und frühzeitig abzuklären, ob und wie die neuen Anforderungen mit den beruflichen und familiären Gegebenheiten vereinbart werden können. Um das Leben daheim weiterhin zu ermöglichen werden Kompromisse nötig sein. Vermutlich ist der Tagesablauf verändert, die gewohnten Speisen schmecken, vom Menüservice zubereitet, anders oder eine fremde Person putzt die Wohnung. Doch nur wenn die Mehrarbeiten realistisch verteilt werden, ist die Betreuung langfristig zuhause möglich.

Den Tagesablauf machbar halten

Die Fürsorge für pflegeempfangende Angehörige ist kaum in Zeit zu bemessen. Wer erkennt, wie viel Zeit realistisch für welche Aufgaben zur Verfügung steht, ist besser in der Lage, notwendige Freiräume zu schaffen und das Miteinander fruchtbar zu gestalten. Wird der wiederkehrende Tagesablauf einmal notiert, erhält man einen vollständigen Überblick. Nicht nur Außenstehende erkennen so schnell die Realisierbarkeit oder Unmöglichkeit eines Vorhabens, denn das geschriebene Wort zeigt die Intensität meist eindrücklicher als eine gedachte Liste.

Der geschätzte Zeitaufwand entpuppt sich bei der Überprüfung oft als zu gering.

Wird die doppelte Zeit veranschlagt ergeben sich dagegen meist wertvolle Pufferzeiten. Wird deutlich, dass die Zeit nicht reicht ist dies ein unmissverständlicher Hinweis für die Notwendigkeit von Unterstützung.

Die wichtigsten und dringendsten Aufgaben stehen zunächst im Vordergrund. Doch auch alltägliche und gleichförmige Handlungen wollen erledigt werden. Eine realistische Planung der alltäglichen und wiederkehrenden Themen berücksichtigt daher:

- Tätigkeiten im Haushalt (Einkaufen, Kochen, Putzen, Waschen …),
- finanzielle Verpflichtungen (Verbindlichkeiten wie Miete, Strom, Heizung, Telefon, laufende Kredite …)
- die Pflege und Betreuung (inkl. Arztbesuche, Antragsstellung …),
- soziale Kontakte (Geburtstage, traditionelle Familienfeierlichkeiten, Besuche …) und
- Ausgleichsaktivitäten (Hobbies, Spaziergänge …).

Pläne ermöglichen Alternativen

Der Sinn von Plänen liegt nicht unbedingt in ihrer akribischen Umsetzung. Doch wer seinen Tag gezielt und schriftlich plant, behält die wichtigsten Aufgaben im Blick ohne ständig an sie denken zu müssen. Ein Plan setzt Prioritäten, zeigt auf, wieviel Zeit benötigt wird, ob der anvisierte Zeitpunkt sinnvoll ist und ob Kosten entstehen. Mit verbindlichen Absprachen können Hilfspersonen konkret eingebunden und gleichartige Aufgaben gebündelt werden, so dass unnötige Wege gespart werden können. Auch persönliche Freiräume und Pausen werden eingebunden und wollen ebenso verbindlich eingehalten werden, wie alle Aufgaben.

Notieren Sie die anfallenden Aufgaben. Verteilen Sie diese nun auf die einzelnen Wochentage. Überprüfen Sie dabei jede Aufgabe darauf, ob sie wirklich notwendig ist, ob sie zu diesem Zeitpunkt und auf diese Art und Weise erfolgen muss. Fragen Sie sich zudem, ob nur Sie diese Aufgabe erledigen können (oder wollen), bzw. welche Aufgabe Sie an wen abgeben (→ Kap. 9).

So umfassend vorbereitet, motiviert der Plan zur Umsetzung. Erfordert der Alltag nun Flexibilität ist es leichter darauf einzugehen. Dabei das Wichtigste zuerst, eins nach dem anderen und manches erst später.

Helfer einbinden

Erholungsinseln, in denen eigenen Interessen, dem Beruf und Freundschaften nachgegangen oder Schlaf nachgeholt werden kann, ist Gold wert. Neben professionellen Pflege- und Betreuungspersonen ermöglichen Familie, Freunde oder Nachbarn freie Zeiträume. Ehrenamtliche Helfer am Wohnort, die sich gesellschaftlich engagieren möchten, sind z. B. der Kirchengemeinde oder dem örtlichen Sozialamt bekannt. Freiwilligenagenturen in der näheren Umgebung können zudem über die Bundesarbeitsgemeinschaft der Freiwilligenagenturen (bagfa) e. V. in Erfahrung gebracht werden.

Geschulte, ehrenamtliche Pflegebegleiter in der Nähe sind z. B. via Internet mithilfe des Suchbegriffs „Pflegebegleiter“ zu finden. Pflegebegleiter orientieren sich an den Bedürfnissen pflegender Angehöriger. Sie hören zu, ermöglichen Freiräume, zeigen Entlastungsmöglichkeiten auf, nehmen Anteil, leisten Gesellschaft und vermitteln Fachleute. Die Erfahrung und das Expertenwissen geschulter Personen (→ Kap. 6) erleichtert die Korrespondenz mit Krankenkassen und Behörden. So spart eine professionelle Mitwirkung beim Ausfüllen diverser Anträge und Formulare Zeit, schont die Nerven und sorgt für übersichtliche Dokumentation des Schriftwechsels.

Pflegefachkräfte der ambulanten Dienste übernehmen grund- und behandlungspflegerische Aufgaben, leiten pflegende Angehörige an, beraten und vermitteln weitere Hilfsdienste, wie Hauswirtschaftshilfen und Mahlzeitendienste. Ein Hausnotruf beruhigt in Zeiten, in denen der noch rüstige Pflege-Empfangende allein zu Hause ist, denn bei Bedarf kann er unverzüglich Hilfe rufen. Die Angebote der Tages- und Nachtpflege können Pflege-Empfangende ein- oder mehrmals wöchentlich wahrnehmen. Der Pflegende weiß seinen Angehörigen hier rundum umsorgt und kann diese Zeit beruhigt für sich selbst nutzen bzw. eine ungestörte Nachtruhe erleben.

Binden Sie unterschiedlichste Helfer in Ihren täglichen Alltag ein und nutzen Sie die freie Zeit, um etwas für sich zu tun. Vereinbaren Sie auch verbindlich, wer kurzfristig einspringen kann, falls Sie einmal ausfallen.

Vielleicht teilen pflegende Angehörige sich die Aufgaben mit Gleichgesinnten, so dass einige eine Auszeit genießen, während andere Pflegende z. B. ein gemeinsames Kaffeetrinken mit zwei oder mehr pflegeempfangenden Angehörigen ausrichten. Auch Einkäufe oder Fahrten können gebündelt werden und somit Freiräume schaffen. Obst- und Gemüsekisten, Lebens- und Gebrauchsmittel, Getränke und Tiefkühlkost können nach Hause geliefert werden. Die gemeinsame Bestellung mehrerer Haushalte reduziert die Liefergebühren. Selbst organisierte Telefonketten reduzieren Einsamkeit oder entlasten von der ständigen Bereitschaft.

Wohnlichkeit erhalten

Eine sinnvolle Raumeinteilung finden

Eine Freundin erzählt
Elke pflegt ihre stark bewegungseingeschränkte Mutter. Seit einigen Wochen spürt Elke zunehmende Rückenbeschwerden, besonders wenn sie ihrer Mutter beim Transfer aus dem niedrigen Ehebett behilflich ist. Das Schlafzimmer ist sehr eng und verwinkelt und bietet kaum Platz zum Umdrehen. Seit dem Tod ihres Vaters vor acht Jahren wurde es belassen, wie es war. Sehnsuchtsvoll lässt die Mutter jedes Mal die Blicke über seine Armbanduhr und den letzten Krimi, den er zu lesen begonnen hatte, schweifen. Elke scheut sich, ihre Mutter auf den Platzmangel anzusprechen, weil sie weiß wie sehr diese an dem Ehebett hängt.“

Es ist nicht immer hilfreich zu schweigen, um den Anderen nicht zu verletzen. Verändert sich der Allgemeinzustand eines Menschen, ist es häufig notwendig die Umgebung an die neuen Bedürfnisse anzupassen. So macht ein Brandmelder frühzeitig auf mögliche Schwelbrände aufmerksam, eine ebenerdige Dusche erleichtert den Einstieg oder Haltegriffe sichern beim Stehen und Gehen. Informationen über Möglichkeiten und regionale Ansprechstellen bieten z. B. Städte und Gemeinden, Pflegestützpunkte, sowie die Bundesarbeitsgemeinschaft Wohnungsanpassung e. V.

Das Zuhause bei Pflegebedarf weiterhin wohnlich zu gestalten steigert das Wohlbefinden. Auch wenn Pflegematerialien oder der Umgang mit Rollator und Co. mehr Platz benötigen ist eine gemütliche Raumgestaltung möglich. Außerhalb der Gehstrecke positionierte Kabel bleiben unbemerkt, ausgeglichene Schwellen werden mühelos überquert, standsichere und funktionstüchtige Möbel geben Sicherheit. Wer zudem auf ausreichend breite Wege und einen rutschfesten Bodenbelag achtet, erleichtert sich und dem Pflegeempfangenden den Alltag maßgeblich.

Beraten Sie gemeinsam, wie viel mehr Platz und Stauraum Sie benötigen und welche Einrichtungsgegenstände dafür weichen können. Machen Sie sich bewusst welche Vorteile durch diese Änderungen entstehen, fällt die Veränderung leichter.

Die Umgebung beeinflusst Körper und Seele. Eine ansprechende Dekoration kann kostengünstig geschaffen werden, harmonische Farben, Bilder, Stoffe und Pflanzen wirken behaglich. Sicher findet sich ein gut erreichbarer und gleichzeitig unauffälliger Stauraum für die täglich benötigten Pflegeutensilien oder ein ansprechendes Tuch zum Abdecken der Hilfsmittel.

Privatheit ermöglichen

Es kann hilfreich sein, die Raumaufteilung neu zu überdenken, denn ein Rückzugsort, an dem man für sich sein kann und der nach den eigenen Vorstellungen gestaltet ist, tut gut. Die Tür hinter sich schließen können, zu sich kommen, abschalten, ungestört telefonieren oder persönlichen Besuch zu empfangen und jetzt einmal nicht zuständig sein. Vielleicht ist der Garten oder die Garage der persönliche Raum, ein Refugium das keine Ansprüche stellt und nur der Regeneration dient.

Gestehen Sie sich einen persönlichen Ort in Ihrem Zuhause zu und nutzen Sie diese Rückzugsmöglichkeiten täglich, um Kraft zu schöpfen.

Gemeinsame Räume gestalten

Das Zusammenleben kann durch weit mehr als die benötigte Unterstützung geprägt werden. So bietet z. B. ein behaglich eingerichteter Wohnraum Gelegenheit für gemeinsame Mahlzeiten, Begegnungen, Spiele oder Fernsehabende von Familie und Besuchern. Wird das Wohnzimmer jedoch vollständig als Pflegezimmer umfunktioniert, kann die räumliche Nähe z. B. durch die veränderte Nutzung anderer Räume aufgelockert werden.

Es ist hilfreich, die verschiedenen Vorstellungen des Zusammenlebens zu klären und die Umsetzung gemeinsam zu realisieren.

Finanzielle Unterstützungsmöglichkeiten nutzen

Wer soll das bezahlen?

Die Pflegeversicherung unterliegt einem stetigen Wandel, weshalb sich eine aktuelle Beratung, z. B. in einem Pflegestützpunkt, immer empfiehlt um individuelle Zuwendungen zu erörtern. Auch ist zu beachten, dass es sich lediglich um Zuzahlungen handelt. Einen Großteil der Kosten muss der Betreffende oder seine Familie selbst aufbringen.

Ein Anspruch auf Pflegegeld besteht, wenn ausschließlich pflegende Angehörige oder Ehrenamtliche die Pflege zuhause durchführen. Ambulante Dienste werden mit sogenannten Sachleistungen vergütet. Sind Angehörige und Ambulanter Dienst an der Pflege beteiligt, können Pflegegeld und Sachleistungen kombiniert werden. Die Höhe der Beträge ist abhängig von der Intensität des Pflegebedarfs, der in den Pflegestufen beschrieben ist. Seit 2013 wird dabei auch der erhöhte Betreuungsbedarf, z. B. bei an Demenz erkrankten Menschen berücksichtigt. Bei der Steuererklärung können Pflegekosten als außergewöhnliche Belastung abgesetzt werden. Aktuelle Informationen können im Internet z. B. mithilfe der Stichworte „Steuervorteile für Pflegehaushalte" eingeholt werden.

Für Kurzzeitpflege, Verhinderungspflege oder betreute Pflege-Wohngemeinschaften erhalten Pflegeempfangende Zuzahlungen aus der Pflegekasse. Tages- und Nachpflege werden ebenso bezuschusst, wie Pflegehilfsmittel oder bauliche Veränderungen, die aufgrund dauerhafter Einschränkungen notwendig sind. Im Internet finden sich z. B. unter dem Suchbegriff „Beratung Wohnraumanpassung" verschiedene Anlaufstellen, die über mögliche weitere Kostenträger und regionale Ansprechpartner informieren.

Pflegeempfangende sollten mögliche finanzielle Unterstützungsmöglichkeiten ausschöpfen, wie z. B. Zuschüsse zur Wohnraumanpassung (SGB XI), Feststellung einer Schwerbehinderung (SGB IX), Wohngeld (SGB I), Grundsicherung im Alter und bei Erwerbsminderung, sowie Sozialhilfe (SGB XII).

Finanzielle Folgen bedenken

Die Pflegezeit oder die ausgedehntere Familienpflegezeit können eine wertvolle persönliche Erfahrung sein. Die Arbeitsfreistellung geht jedoch mit Gehaltseinbußen einher. Sicher macht Geld allein nicht glücklich. Doch wenn Alternativen fehlen, wird das Miteinander durch finanzielle Schwierigkeiten belastet.

Bedenken Sie, dass während der Pflegezeit zwar die Sozialversicherungsbeiträge, jedoch kein Gehalt weiter gezahlt wird! Bei der Familienpflegezeit erhalten Sie einen Gehaltsvorschuss. Sowohl während der Freistellung, wie auch anschließend oder im Vorfeld erhalten Sie daher ein reduziertes Arbeitsentgelt, bis der Betrag ausgeglichen ist.

Wird die Berufstätigkeit aufgegeben, muss die Beitragszahlung zu Kranken- und Pflegeversicherung geregelt werden. Pflegende sind gesetzlich unfallversichert, eine freiwillige Arbeitslosenversicherung ist teilweise möglich. Die Voraussetzungen zum Erwerb eines Rentenanspruchs sollten bei der Rentenversicherung oder Krankenkasse abgeklärt und geltend gemacht werden. Pflegende Angehörige können später auch einen Erbanspruch und einen Freibetrag bei der Erbschaftssteuer als Ausgleich für ihre Pflegetätigkeit geltend machen. Aktuelle Informationen sind via Internet z. B. unter dem Suchbegriff „Erbschaftssteuer pflegende Angehörige" zu finden.

Häufen sich unbeglichene Zahlungsaufforderungen ermöglicht eine Schuldnerberatung einen Überblick über die finanzielle Lage und berät im Hinblick auf staatliche Sozialleistungen. Träger seriöser Schuldnerberatungen sind diverse Wohlfahrtsverbände, Sozialämter etc. und können bei der Bundesarbeitsgemeinschaft Schuldnerberatung e. V. (BAG-SB) erfragt werden.

Die Haftpflichtversicherung sollte auch Schäden abdecken, die durch den pflegeempfangenden und womöglich demenziell veränderten Angehörigen entstehen können. Dazu muss die sogenannte Deliktunfähigkeit versichert sein und sie darf nicht nur auf Kinder eingegrenzt sein.

Ein Anruf bei der Versicherung klärt den Versicherungsschutz. Dies lohnt sich, selbst wenn es zu einer Beitragserhöhung kommt, denn nicht alle Versicherungen beinhalten Leistungen für Demenzkranke. In diesem Fall kann ein Wechsel des Anbieters sinnvoll sein.

Familiärer Beistand

Regelmäßige Familiengespräche sind hilfreich, um auch finanzielle Sorgen möglichst frühzeitig mitzuteilen und somit alle an der Lösungsfindung zu beteiligen. Ist klar, welche finanziellen Belastungen vorliegen, welche der Pflegeempfangende selbst begleichen kann und welche staatliche Unterstützung möglich ist, kann gemeinsam beraten werden, wie die offenen Posten innerhalb der Familie aufgeteilt werden können.

Eine Auflistung der Einkünfte und der üblichen Ausgaben legt den finanziellen Spielraum offen. Die Belege der Zusatzkosten werden in einem separaten Ordner gesammelt und die Aufwendungen monatlich summiert.

Ganz gleich, ob die Kosten gleichmäßig verteilt werden, ob jemand Geld schenkt, ob die weniger an der direkten Pflege Beteiligten einen größeren Betrag übernehmen oder ob eine Person bei der finanziellen Hilfe ausgenommen wird … – wichtig ist ein Konsens aller betreffenden Angehörigen über das Vorgehen. Als symbolischer Akt kann dieser Konsens schriftlich fixiert und von allen unterschrieben werden.

8 Grenzen anerkennen

„Ein Starker weiß mit seiner Kraft hauszuhalten, nur der Schwache will über seine Kraft hinaus wirken."
Georg Christoph Lichtenberg

Ebenso wie die Natur ihren Winterschlaf benötigt, brauchen Pflegende die Möglichkeit abschalten zu können. Hin und wieder dem Alltag entschlüpfen, den Kopf durchlüften, den Körper verwöhnen, die Seele baumeln lassen und die Verantwortung einmal abgeben. Zufriedener und gelassener klärt sich der Blick für die eigenen Möglichkeiten und Grenzen.

Eine schriftliche Übersicht aller Helfer und Unterstützungsmöglichkeiten kann entlasten, besonders wenn sie frühzeitig eingebunden werden. Ein Mobiltelefon mit den gespeicherten Nummern ist immer dabei und allen Unterstützern bekannt. Wer Termine in einen Kalender einträgt und zu Erledigendes notiert und abhakt, sowie Besonderheiten für Arzt und Hilfspersonen notiert, hat den Kopf freier.

Die Fürsorge für den Anderen beinhaltet auch für Besonderheiten gewappnet zu sein. Eine Notiz im Geldbeutel weist bei einem Notfall auf den Pflegeempfänger zuhause hin und zeigt Ansprechpartner, die kontaktiert werden können. Den Stellvertreter zuhause informiert eine kleine Checkliste über aktuelle Besonderheiten, Termine, Arznei und Diäten. Ein Vordruck für Notfallkarte und Checkliste kann z. B. unter dem Suchbegriff „Neuheit für Pflege" auf der Internetseite der Unfallkasse NRW gefunden und ausgedruckt werden.

Bei Hausarztbesuchen auch über das eigene Befinden zu sprechen, sensibilisiert für die Bedeutung der eigenen Gesundheit und ermöglicht den frühzeitigen Einsatz präventiver oder ausgleichender Maßnahmen.

Lassen Sie Ihren Hausarzt regelmäßig an Ihrem Alltag teilhaben und sprechen Sie darüber, was Sie belastet und wo Sie Unterstützung benötigen.

Auszeiten als Kraftquelle erlauben

Die Kurzzeitpflege ermöglicht Pflegenden eine Auszeit von der Pflege, z. B. eine Erholungsreise, eine Rehabilitation, eine Kur oder Urlaub. Während der Pflegeempfangende einen Einblick in den stationären Alltag erhält, Pflegekräfte und Bewohner kennenlernt und so vielleicht Bedenken gegen den Heimalltag abbaut, kann der Pflegende neue Energie schöpfen und die freie Zeit genießen.

In einem gemeinsamen Urlaub von der Pflege kann der Pflegende nach Bedarf Freiraum für sich einplanen. Nicht nur manche Kliniken und Altenhilfeeinrichtungen sind darauf spezialisiert, sondern mittlerweile auch einige Hotels und Pensionen. Diese vermitteln ortsansässige ambulante Pflegedienste mit denen der Pflegebedarf im Vorfeld abgesprochen wird. Auch bieten einige Wohlfahrtsverbände und Reiseveranstalter deutschlandweit betreute Reisen inklusive Pflegeleistungen an. Adressen sind z. B. unter dem Suchbegriff „Urlaubsangebote für pflegende Angehörige“ im Internet zu finden.

Erlauben Sie sich diese stärkenden Freiräume zu nutzen. Füllen Sie Ihre Energiespeicher regelmäßig auf, so machen Sie sich und Ihrem Angehörigen ein unbezahlbares Geschenk.

Alternative Situationen gestalten

Manchmal ist der Umzug des Pflegeempfangenden in ein Pflegeheim, eine Wohngemeinschaft oder ein Betreutes Wohnen die beste Entscheidung. Bei allen möglichen widerstreitenden Gefühlen ist es hilfreich, sich den Gewinn für alle Beteiligten bewusst zu machen und die Beziehung zu einander nun auf eine neue Weise zu intensivieren. Die gemeinsame Zeit liebevoll zu nutzen ist sinn-voller als sich dauerhaft zu überfordern. Ein eigenes erfülltes Leben mit dem Pflegeempfangenden zu teilen, erfreut diesen sicher mehr, als schuldbewusstes oder deprimiertes Schweigen.

Als pflegender Angehöriger gibt es zudem zahlreiche Mitwirkungspotenziale in stationären Einrichtungen. Sie bleiben wichtige Bezugspersonen für den Pflegeempfangenden und tragen wesentlich zu seiner Lebensqualität bei. Vielleicht können auch Ausflüge oder Besuche zuhause ermöglicht werden, findet man neue Rituale mit einander, so vertieft dies die emotionale Verbindung, da nun das Miteinander unbelastet ist von vielen Alltagsproblemen.

Teilen Sie mögliche Ängste, Schuldgefühle, Trauer, Wut etc. mit anderen, z.B. in einer Angehörigengruppe. Erlauben Sie sich jedoch auch, diese Gefühle beizeiten loszulassen. Füllen Sie Ihre Schatztruhe mit neuen Erlebnissen, Kontakten und Hobbies und kümmern Sie sich wieder mehr um sich selbst.

9 Checklisten, Fragebögen und Vorlagen für den Alltag

Die nachfolgenden Vorlagen, die Sie nach Bedarf ändern oder ergänzen können, sind als Anregungen gedacht. Fragebögen und Vorlagen zum Ausfüllen können Sie auf der Homepage des Ernst Reinhardt Verlags unter http://www.reinhardt-verlag.de herunterladen.

Selbstreflexion

Überblick schaffen

	Meine Ressourcen:	**Mein Bedarf:**	**Wen oder was brauche ich zur Verwirklichung?**
Erholungsinseln	Welche gönne ich mir?	Welche wünsche ich mir noch?	
Persönliche Träume oder Vorsätze	Welche erlaube ich mir?	Welche würde ich mir gerne erlauben?	
Hilfreiche Gewohnheiten	Welche habe ich?	Welche möchte ich mir angewöhnen?	
Körperliches Wohlbefinden	Wie schenke ich meinem Körper Wohlbefinden?	Wie möchte ich ihn zusätzlich wertschätzen?	
Systematische Entspannungsmethoden	Welche wende ich an?	Welche möchte ich erlernen?	
Persönliche Schatztruhe	Welche Schätze habe ich mir bewahrt?	Welche möchte ich außerdem entdecken?	

	Meine Ressourcen:	Mein Bedarf:	Wen oder was brauche ich zur Verwirklichung?
Achtsamkeit	Welche Momente erlebe ich achtsam?	Wann/wobei möchte ich achtsamer sein?	
Pflege und Betreuung	Welche Kenntnisse und Fertigkeiten habe ich?	Welche möchte ich mir aneignen?	
Soziale Kontakte	Welche sind vorhanden?	Wie können wir sie lebendig erhalten?	
Kontakte zu Gleich-Betroffenen	Welche habe ich?	Welche wünsche ich mir?	
Tägliche Aufgaben	Wer unterstützt mich wobei?	Wo benötige ich weitere Unterstützung?	
Raumsituation	Was ist hilfreich daran?	Welche hinderlichen Faktoren möchte ich ändern?	
Auszeiten	Welche gönne ich mir?	Welche wünsche ich mir außerdem?	
Familiäre Gemeinschaft	Wie meistern wir die Pflege- und Betreuungssituation als Familie?	Worüber sollten wir uns außerdem austauschen?	Wobei benötigen wir Unterstützung?
Finanzen	Welche Mittel stehen mir zur Verfügung?	Wo sind finanzielle Lücken?	Wen oder was brauche ich, um sie abzudecken?
Sterben, Tod und Trauer	Welche Fragen und Gefühle verbinde ich damit?	Wer begleitet mich dabei? Was hilft mir hier?	Wer kann mir noch beistehen?

Wer sich seiner Ressourcen bewusst ist, kann sie gezielt einsetzen. Wird der Bedarf deutlich, können konkrete Personen und Möglichkeiten ausfindig gemacht werden, um die Lücken zu schließen. Um Ihre Energie sinnvoll zu kanalisieren, verschaffen Sie sich am besten eine Übersicht, setzen nun Ihre persönlichen Prioritäten und gehen dann schrittweise vor.

Belastungen erkennen

Merkmale körperlicher Belastungen	**ja**	**teilweise**	**nein**
Ich habe häufig Rückenschmerzen und / oder Muskelverspannungen.			
Ich habe häufig Gelenkschmerzen.			
Ich wache häufig oder sehr früh auf, kann schlecht einschlafen.			
Ich fühle mich immer müde und / oder erschöpft.			
Ich habe häufig Kopfschmerzen.			
Mir ist häufig schwindlig.			
Meine Haut juckt ständig.			
Meine Kleidung ist deutlich zu weit / zu eng geworden.			
Ich esse keine warme Mahlzeit am Tag.			
Ich habe öfter Magen- oder Verdauungsbeschwerden.			
Ich trinke weniger als einen Liter Flüssigkeit am Tag.			
Ich nehme ohne Rücksprache mit dem Arzt Schmerzmittel ein.			

Merkmale körperlicher Belastungen	ja	teil-weise	nein
Ich habe ständig Erkältungen / Blasen-entzündungen o. ä.			
Ich verspüre kein Interesse mehr an Sexualität.			

Merkmale psychischer Belastungen	ja	teil-weise	nein
Ich bin schnell gereizt und aufbrausend.			
Ich bin häufig niedergeschlagen.			
Ich habe an nichts mehr Freude.			
Ich rauche deutlich mehr als früher.			
Ich trinke deutlich mehr Alkohol als früher.			
Ich nehme ohne Rücksprache mit dem Arzt Schlaf- oder Beruhigungsmittel ein.			
Ich kann mich nur schwer konzentrieren.			
Ich vergesse meine Termine (Arztbesuch, Freunde …).			
Ich fühle mich kraftlos.			
Ich kann mir nichts mehr merken.			
Ich bin ständig unzufrieden und schlecht gelaunt.			
Ich mache häufig Fehler.			
Meine früheren Interessen sind mir völlig gleichgültig geworden.			
Ich könnte ständig weinen.			

Nehmen Sie sich die Zeit und sprechen Sie mit Ihrem Arzt, wenn Sie oben genannte Merkmale an sich beobachten.

Ängste konkretisieren

Machen Sie sich Ihre Sorgen bewusst. Unklare, allgemeine Angstgefühle sind schwer zu bekämpfen. Je konkreter Sie Ihre Sorge beschreiben können, desto konkreter können Sie ihr entgegenwirken.

Ich habe Angst ...	**ja**	**teilweise**	**nein**
... selbst krank zu werden.			
... die Pflege nicht mehr zu schaffen.			
... meine Wut nicht unter Kontrolle zu halten.			
... dass mein Angehöriger stirbt.			
... meine Freunde zu verlieren.			
... alle finanzielle Ressourcen aufzubrauchen.			
... Außenstehenden von meiner Situation zu erzählen.			
...			

Nehmen Sie sich die Zeit und sprechen Sie mit Ihrem Arzt oder einer Person Ihres Vertrauens, wenn Sie solche oder ähnliche Ängste an sich beobachten. Gemeinsam können Sie Lösungen finden, ihre Ängste zu bewältigen oder den Umgang mit ihnen zu erleichtern.

Abwertende Aussagen entschlüsseln

Erlauben Sie sich aufrichtig zu sein. Gefühle und Gedanken sind Ausdruck unseres inneren Zustandes, sie sind nicht richtig oder falsch. Bei näherem Hinsehen entpuppen sich viele Gedanken jedoch als Vermutung. Erst wer sich dessen bewusst wird, kann überlegt handeln.

Denken Sie daran, dass Wertungen ein Richtig-Falsch-Denken bedienen. Davon ausgehend, dass viele Menschen zu wissen glauben, was richtig oder falsch ist, rufen Wertungen also häufig Konflikte hervor.

	Wahrheit	**Vermutung**
Du bist nie zufrieden! / Du bist undankbar!		
Du bist so empfindlich! / Stell Dich nicht so an!		
Das bildest Du Dir nur ein!		
Du bist zu nichts zu gebrauchen!		
Wenn du nicht genug trinkst, wirst Du verwirrt!		
Mach nur in die Hose, Du musst nicht zur Toilette, Du hast ja eine Windel an!		
Hast Du Dich schon wieder vollgemacht / Pippi gemacht?		
Ich muss ihn immer füttern!		
Sie hat den Kaffee mit Absicht verschüttet!		
Er ist aggressiv!		
Alte Leute sind einfach uneinsichtig!		
…		

Kommen Ihnen manche Aussagen vertraut vor? Auch Aussagen wie „Du nervst!“, „Nun iss schön auf!“, „Jetzt sei mal still!“, „Das sage ich Deiner Tochter!“ etc. nehmen das Gegenüber nicht ernst und wirken abwertend.

Erlauben Sie sich nun, die Gefühle und Gedanken hinter ihren Aussagen zu entdecken.

Aussage	Fragen	Antwort-Beispiele
„Du bist nie zufrieden!“	Was ist Ihre Sorge?	Verbittert zu werden. Mich aufzuopfern ohne Gegenleistung. Meine Arbeit wird nicht geschätzt. …
	Was missfällt Ihnen?	Nie höre ich ein Danke, nur Genörgel. Ich habe keine Zeit für mich. Ich werde wütend auf Dich. …
	Was wünschen Sie sich?	Ich wüsste gerne, ob Du weißt, dass ich es gut mit Dir meine. Ich will mit Respekt behandelt werden. Ich möchte hören, ob Du froh bist, zuhause zu sein. …
…	Was ist Ihre Sorge?	…
	Was missfällt Ihnen?	…
	Was wünschen Sie sich?	…

Gewaltsames Verhalten frühzeitig erkennen

Kommt Ihnen etwas vertraut vor? Haben Sie ähnliche Gedanken oder Handlungen an sich festgestellt?

Ich …	nie	selten	oft
… bestimme die Schlafenszeiten meines Angehörigen			
… knalle manchmal die Türe			

Ich …	nie	selten	oft
… nehme meinem Angehörigen manchmal das Telefon/die Brille o. ä. weg			
… stelle manchmal die Möbel so, dass mein Angehöriger nicht aufstehen kann			
… lasse meinen Angehörigen manchmal in seinen Exkrementen liegen			
… fasse meinen Angehörigen manchmal fester an als nötig			
… rede manchmal abfällig gegenüber meinem Angehörigen			
… spreche mit meinem Angehörigen manchmal wie mit einem Kleinkind			
… decke meinen Angehörigen zum Waschen im Bett immer komplett auf			
… schreie meinen Angehörigen manchmal an			
… lasse meinen Angehörigen manchmal länger warten als nötig			
… kneife oder schlage meinen Angehörigen manchmal			
… lüfte das Zimmer nach dem Abführen manchmal absichtlich nicht			
… möchte meinen Angehörigen manchmal schlagen oder schütteln			
… schränke meinen Angehörigen in seiner Bewegungsfreiheit ein			
…			

Vervollständigen Sie die Liste bei Bedarf. Nehmen Sie sich Zeit und bedanken Sie sich bei sich selbst für Ihre Ehrlichkeit.

Im nächsten Schritt erzählen Sie Ihrem behandelnden Arzt oder einer Person Ihres Vertrauens von Ihren Erkenntnissen. Gemeinsam können Sie Wege finden, Ihre Gefühle ernst zu nehmen und andere, hilfreiche Handlungsmöglichkeiten zu erlernen.

Persönliche Beweggründe klären

Warum pflegen Sie Ihren Angehörigen? Vervollständigen Sie die Liste bei Bedarf und finden Sie Ihre persönliche Motivation heraus.

Ich …	**hilfreich**	**hinderlich**
… fühle mich gut, weil ich meinen Angehörigen pflege.		
… warte darauf, dass mein Angehöriger mir einmal „Danke“ sagt.		
… pflege meinen Angehörigen, weil ich ihn liebe.		
… zeige meinem Angehörigen auf diese Weise meine Dankbarkeit.		
… möchte meinem Angehörigen etwas zurückgeben.		
… fühle mich stark, weil ich merke, dass ich gut für meinen Angehörigen sorgen kann.		
… werde endlich anerkannt für das, was ich tue.		
… fühle mich moralisch dazu verpflichtet.		
… frage mich, was die anderen sagen würden, wenn ich es nicht täte.		
… fühle mich schuldig, weil ich früher nicht für meinen Angehörigen da war.		

Ich …	hilfreich	hinderlich
… habe es meinem Angehörigen versprochen.		
… habe Mitleid mit meinem Angehörigen.		
… habe Angst allein nochmal von vorn anzufangen.		
… habe doch nur meinen Angehörigen.		
… kann mir einen Tag ohne meinen Angehörigen nicht vorstellen.		
… will nicht alleine sein.		
… vertraue den Pflegeeinrichtungen nicht.		
… sehe keine andere Möglichkeit.		
… kann mir die Wohnung/das Haus alleine nicht leisten.		
… kann mir das Pflegeheim nicht leisten.		
… fühle mich abhängig von meinem Angehörigen.		
… benötige das Pflegegeld um über die Runden zu kommen.		
… bin nun endlich stärker als mein Angehöriger.		
… hoffe mein Angehöriger überschreibt mir sein ganzes Vermögen.		
… möchte meinen Angehörigen endlich büßen lassen.		
…		

Verbinden Sie konkrete Gefühle, wie Freude, Anspannung, Dankbarkeit, Ausgeliefertsein oder andere mit Ihren persönlichen Motiven? Empfinden Sie diese Gefühle als hilfreich oder hinderlich?

Was an der derzeitigen Situation erleben Sie als einen persönlichen Gewinn?

Möglicher Gewinn	hilfreich	hinderlich
Ich habe endlich Zeit mit meinem Angehörigen.		
Ich kann vergangene Verletzungen klären.		
Der Arbeitsdruck der Firma fällt weg.		
Ich kann meine Dankbarkeit zeigen.		
Ich erkenne neue Fähigkeiten an mir.		
...		

Das Abwägen hilfreicher und hinderlicher Gedanken und Empfindungen hilft vielleicht die Kernfrage zu beantworten: „Bin ich mit der derzeitigen Situation, so wie sie ist zufrieden?“

Falls nein, kann es sein, dass Sie dies Ihren Angehörigen unbewusst spüren lassen (→ Kap. 3)?

Hilfreiche Denkweisen

Für Wohlbefinden sorgen

Das brauche ich, damit ich fürsorglich sein kann:	So erfülle ich meine Bedürfnisse:
Täglich eine halbe Stunde Zeit für Sport:	Xxx übernimmt tgl. von xx – xx Uhr meine Aufgaben.
Ausgeglichenheit und innere Ruhe:	Führe jeden Abend vor dem Schlafen Autogenes Training durch.
Finanzielle Sicherheit, mit welchen Kosten muss ich die nächsten drei Monate rechnen:	Beratungsgespräch mit der Krankenkasse am xx.xx.xxxx.
...	...

Nehmen Sie sich jeden Tag maximal eine neue Maßnahme vor, die Ihnen hilft, Ihre Bedürfnisse zu erfüllen.

Rendezvous mit nützlichen Lösungen

Notieren Sie einen hinderlichen Gedanken. Formulieren Sie ihn so konkret wie möglich.

Zum Beispiel an Stelle von ...	**... schreiben Sie z. B.:**	**hinder-lich**	**hilf-reich**
„Ich habe Angst."	„Ich habe Angst, Mama beim Transfer weh zu tun.",		
„Ich kann das nicht."	„Ich kann Papa nicht im Intimbereich waschen.",		
„Ich halte das nicht mehr aus."	„Ich habe keine Geduld mehr mit Peters ständig gleichen Fragen." ...		
„Das funktioniert sowieso nicht."	„Bisher hat es noch nicht funktioniert."		
„Es gibt keine andere Lösung."	„Noch habe ich keine andere Lösung gefunden."		
„Ich habe einfach immer Pech."	„Bisher hatte ich häufig Pech, doch das kann sich ja ändern."		
...			

Kreuzen Sie an, ob dieser Gedanke hinderlich oder hilfreich für Sie ist. Kehren Sie Ihren hinderlichen Gedanken nun um. Welcher Wunsch ist darin verborgen?

Hinderlicher Gedanke z. B.:	**Mein Wunsch z. B.:**
„Ich habe Angst, Mama beim Transfer weh zu tun."	„Ich möchte Mama zu einem schmerzfreien Transfer verhelfen."
„Ich kann Papa nicht im Intimbereich waschen."	„Ich möchte, dass eine andere Person den Intimbereich von Papa wäscht."

Hinderlicher Gedanke z. B.:	Mein Wunsch z. B.:
„Ich habe keine Geduld mehr mit Peters ständig gleichen Fragen."	„Ich brauche mehr Zeit zum Abschalten."
...	

Tut Ihnen der Gedanke an Ihren Wunsch wohl, nehmen Sie sich einen Moment Zeit und suchen Sie nach Möglichkeiten, Ihren Wunsch Wirklichkeit werden zu lassen.

Mein Wunsch ...	... wird Wirklichkeit durch:
„Ich möchte Mama zu einem schmerzfreien Transfer verhelfen."	Mit Mama konkret besprechen, was ihr gut tut, wo ich sie anfassen, wobei ich ihr helfen kann, was sie alleine machen möchte ...
„Ich möchte, dass eine andere Person den Intimbereich von Papa wäscht."	Meinen Mann / Sohn / xx fragen, ob er / sie das Waschen übernimmt, einen Pflegedienst anrufen ...
„Ich brauche mehr Zeit zum Abschalten."	Mir täglich kurze Auszeiten nehmen, z. B. spazieren gehen, wenn der Pflegedienst da ist ...
...	

Praktische Handwerkzeuge

Dankbarkeitsnotizen

Ein persönliches Dankbarkeits-Tagebuch als buntes Nachschlagewerk für Tage, an denen alles beschwerlich erscheint, enthält z. B. tägliche Notizen über Erinnerungen, Eigenschaften, Dinge etc. oder auch Bilder, die daran erinnern, wofür man dankbar ist. Zudem kann es genutzt werden, um an wohltuende Erholungsinseln im Tagesablauf zu erinnern.

Ich bin dankbar für …
… die letzten 23 Jahre mit meiner Frau … unsere Enkel, die viel Freude bringen … den Blick aus dem Fenster … das Vogelzwitschern im Frühling … meine Freude an Musik … unsere gemeinsamen Gespräche … mein Lachen … meine gesunden Füße … den gestrigen Saunaabend … die Sonnenstrahlen, die mich morgens wecken … den neuen Treppenlifter … darüber, dass meine Zahnprothese endlich wieder richtig sitzt … den Geschmack der ersten heimischen Erdbeeren in diesem Jahr … das Lächeln des Briefträgers gestern Morgen … den Besuch unserer Nachbarin, die mir einmal in der Woche zwei Stunden Zeit für mich schenkt … den Apotheker, der mir Bestellungen nach Hause bringt …

Lach-Quellen entdecken

Lassen Sie Ihrer Kreativität freien Lauf! Vielleicht machen Sie es sich zur Gewohnheit, jeden Tag mindestens einen neuen Heiterkeits-Lieferanten zu entdecken.

Das zaubert ein Lächeln auf mein Gesicht und bringt mich zum Lachen:
... in der Geheimsprache meiner Kindheit oder einer spontan erdachten Phantasiesprache sprechen ... einen lustigen Dialekt sprechen ... ohne Grund albern sein, wie z. B. als ... ... witzige Lieder, Versprecher, Wortklaubereien, Bücher, Texte, Websites, wie ... ... witzige Bilder, Cartoons, Schnappschüsse, Filme, wie ... ... Gegenstände, die mich an eine witzige Situation erinnern, wie ... ... Gegenständen oder Kuscheltieren Stimmen verleihen und herumalbern ... über mich selbst lachen, wie als ich ... ... andere Menschen lachen sehen oder hören, besonders ... ... mit meiner Katze spielen ... mir vor dem Spiegel Grimassen schneiden ... mit einem Korken im Mund sprechen ... etwas völlig Unerwartetes tun, zum Beispiel ... ... alles wörtlich nehmen und zum Beispiel ... ... an einem Lachseminar teilnehmen und zwar am ... ... Gesellschaftsspiele spielen wie ... ...

Vielleicht gestalten Sie ein ganz individuelles Schmunzelbuch, z. B. mit Cartoons, Witzen, Wortspielereien, persönlichen Schnappschüssen, lustigen Erlebnissen, Kindermund, Versprechern und Situationskomik.

Körperreise zum Vorlesen

Sie intensivieren den Effekt, wenn Sie langsam und mit einer ruhigen und angemessenen Lautstärke vorlesen. Geben Sie zwischen den Sätzen und Absätzen immer wieder für ein bis zwei Atemzüge Gelegenheit zum Nachspüren.

Körperreise

„Schließe Deine Augen – Lenke Deine Aufmerksamkeit auf Deine Füße – Fühle, wie die Fersen die Unterlage berühren und spüre der Berührung einen Moment nach – Bedanke Dich in Gedanken bei Deinen Füßen für ihre Dienste und wende Deine Aufmerksamkeit dann den Unterschenkeln zu – Spüre, wie Deine Unterschenkel die Unterlage berühren – Fühle, wie Deine Kniekehlen und die Oberschenkel die Unterlage berühren und spüre der Berührung einen Moment nach – Bedanke Dich in Gedanken bei Deinen Unterschenkeln, den Kniekehlen und den Oberschenkeln und wende Deine Aufmerksamkeit nun dem Gesäß zu – Fühle, wie Dein Gesäß auf der Unterlage aufliegt und spüre einen Moment nach – Bedanke Dich in Gedanken bei Deinem Gesäß und wende Deine Aufmerksamkeit nun Deinem Rücken zu – Fühle, wie Dein gesamter Rücken auf der Unterlage aufliegt – angefangen vom unteren Rücken, weiter über die Rückenmitte bis hinauf zu den Schulterblättern und den Schultern – Lass die Schultern ein wenig nach unten sinken und spüre einen Moment nach – Bedanke Dich in Gedanken bei Deinem Rücken und lass die Schultern noch ein wenig nach unten sinken – Fühle nun, wie Deine Hände die Unterlage berühren – Fühle, wie Deine Handgelenke, die Unterarme, die Ellbogen und die Oberarme auf der

Unterlage aufliegen und spüre einen Moment nach – Bedanke Dich nun in Gedanken bei Deinen Händen und Armen und lass die Schultern noch ein wenig nach unten sinken. Fühle, wie Dein Kopf auf der Unterlage aufliegt und spüre einen Moment nach – Der Nacken ist entspannt. Lass die Stirn glatt und den Unterkiefer locker werden – Bedanke Dich in Gedanken bei Deinem Kopf, dem Nacken und den Gesichtszügen – Genieße das entspannte Gefühl für einen Moment – Nimm wahr, wie die Erde Dich trägt, ohne dass Du irgendetwas dafür tun musst – Wenn Du so weit bist, nimm einen tiefen Atemzug und öffne die Augen – Räkele und strecke Dich, gähne und seufze, ganz so, wie Dir danach ist – und setze Dich dann behutsam auf."

Hand-Meditation

Handmeditation

- Setzen Sie sich bequem auf einen Stuhl. Der Rücken ist gerade, die Hände liegen entspannt auf den Oberschenkeln und die Füße stehen schulterbreit auf dem Boden.
- Schließen Sie die Augen und spüren Sie die Stuhllehne am Rücken. Nehmen Sie wahr wie der Boden Sie trägt. Atmen Sie dreimal bewusst durch die Nase ein und langsam durch den Mund aus.
- Lenken Sie Ihre Aufmerksamkeit nun auf Ihre Hände. Fühlen Sie das sanfte Gewicht, mit dem sie auf den Oberschenkeln aufliegen. Spüren Sie die Wärme, die von ihnen ausgeht. Stellen Sie sich nun vor:

- Wie Sie eine filigrane Glasschale in Empfang nehmen,
- wie kühles Wasser Ihre Hände an einem heißen Sommertag erfrischt,
- wie warmer Sand durch Ihre Finger rieselt,
- wie Sie einen Ball fangen, den Ihnen ein Kind mit strahlendem Lachen zuwirft,
- wie Sie einen schweren Hefeteig mit Ihren Händen kneten,
- wie Sie die Hand eines Menschen halten, den Sie lieben,
- wie Ihre Hände die Wärme einer sonnengewärmten Holzbank erspüren,
- wie Sie einzelne Reiskörner mit den Fingerspitzen aufnehmen,
- wie Sie an einem kalten Herbsttag eine wärmende Tasse Tee zwischen Ihren Händen halten,
- wie Ihre Hände über einen samtenen Vorhang streichen.

Wie facettenreich ist die Erlebnisfähigkeit Ihrer Hände!

- Stellen Sie sich nun die schönste Handlung Ihrer Hände vor, die Ihnen gerade einfällt. Versetzen Sie sich ganz in diese Situation und betrachten Sie Ihre Hände dabei vor Ihrem inneren Auge. Nehmen Sie die Fingerfertigkeit, die Kraft oder die Koordinationsfähigkeit wahr, die diese Handlung erfordert.
- Beenden Sie in Gedanken diese Handlung und danken Ihren Händen für die Erfahrungen, die sie Ihnen ermöglichen. Vielleicht gibt es etwas, womit Sie Ihre Hände verwöhnen können: ein Handbad, tägliche Hautpflege, eine Maniküre, neue Handschuhe … Was es auch ist, geben Sie sich das Versprechen, Ihre Hände in den nächsten Wochen besonders zu verwöhnen.

- Fühlen Sie noch einmal das sanfte Gewicht, mit dem Ihre Hände auf den Oberschenkeln aufliegen und die Wärme, die von ihnen ausgeht. Bevor Sie die Augen öffnen, spüren Sie wie sicher der Boden Sie trägt und wie die Stuhllehne Ihren Rücken stützt. Atmen Sie tief durch die Nase ein, räkeln und strecken Sie sich und öffnen Sie die Augen.

Freude-Kalender

Ein Freude-Kalender enthält schöne Erlebnisse, Aussprüche der Kinder oder Enkel, lustige oder erhebende Weisheiten, Gedichte und Erinnerungen an alles, was Freude bereitet und uns besinnt, uns selbst etwas Gutes zu tun. Bunte Zettel, zusammengerollt in einer Schachtel aufbewahrt, als Kalenderkarten an eine Pinnwand geheftet oder als laminierte Karte in der Hosentasche – Ihrer Phantasie sind alle Möglichkeiten offen, solange Sie angeregt werden, sich selbst täglich Aufmerksamkeit und Freude zu schenken.

Tageskarten

Die nachfolgenden Tageskarten können als Motto für jeden Tag genutzt werden, um bei aller Fürsorge auch an sich selbst zu denken. Vielleicht wird es eine hilfreiche Gewohnheit sie morgens nach dem Aufstehen oder zum Kaffee zu entdecken, den Inhalt Wirklichkeit werden zu lassen und sich abends vor dem Schlafengehen an die Erlebnisse zu erinnern.

Heute genieße ich einige Bissen einer Mahlzeit ganz bewusst, lege das Besteck nach jedem Bissen ab, schmecke einzelne Zutaten heraus und lasse das Essen auf der Zunge zergehen!	Heute strecke und räkele ich mich öfter, ändere meine Sitzposition häufiger oder binde kleine Bewegungsübungen in meinen Alltag ein. Ich fange direkt damit an, mich zu bewegen …
Heute mache ich mir mit … (Pflege-Empfangender) einen schönen Tag, indem wir (z. B. Ausflug, schöne Erinnerungen teilen) …!	Heute bitte ich … (Pflege-Empfangender) mir … zu zeigen oder zu erklären oder … zu übernehmen!
Heute lasse ich mir von den Pflegekräfte des ambulanten Dienstes erklären und zeigen, wie ich am besten … (z. B. Lagerung, Aufsetzen …) durchführe.	Ich sammle und notiere heute wohltuende Erholungsinseln des Tages in ein extra Kapitel meines Dankbarkeits-Tagebuchs ein. Eine erste Erholungsinsel ist …
Heute lächle ich mich jedes Mal an, wenn ich mein Spiegelbild sehe – und ich beginne jetzt damit!	Heute denke ich an drei positive oder schöne Erlebnisse des heutigen oder gestrigen Tages! Ein schönes Erlebnis ist …
Heute erfülle ich mir einen kleinen Wunsch, nämlich …	Heute zelebriere ich eine meiner hilfreichen Gewohnheiten wieder ganz bewusst, nämlich …!

Heute schenke ich meinen Händen wohlwollende Aufmerksamkeit: ein Handbad, eine Handmassage oder eine Handmeditation!

Wie fühlt sich mein Körper jetzt gerade an? Heute achte ich auf eine aufrechte Körperhaltung mit angenehmer Körperspannung!

Heute notiere ich drei Eigenschaften, die ich an mir schätze in mein Dankbarkeits-Tagebuch! So schätze ich an mir …

Heute singe ich ein paar Minuten oder tanze zu meiner Lieblingsmusik! Ich summe die ersten Takte schon jetzt …

Ich nehme mir kurz Zeit und erkunde einen Moment lang mein Befinden. Nun führe ich eine kleine Atemübung durch und spüre erneut nach, wie ich mich fühle.

Heute besinne ich mich vor der Pflege mit einer Atemübung kurz auf mich selbst! Zur Einstimmung führe ich die Atemübung jetzt schon einmal durch …

Heute seufze ich absichtlich ein paar Mal besonders tief und entspannend. Ich beginne augenblicklich damit und genieße es …

Heute zähle ich beim Einschlafen von zehn an rückwärts und bestätige mich bei jeder Zahl mit den Worten „Es ist gut so, wie es ist.“!

Heute führe ich eine Körperreise durch und bedanke mich bei meinem Körper! Ich fange gleich damit an und danke meinen Füßen …

Heute setze ich jedem belastenden Gedanken einen positiven Gedanken als Ausgleich zur Seite! Ich beginne sofort damit …

Heute …	Heute …
Heute …	Heute …
Heute …	Heute …

Trennen Sie die einzelnen Karten voneinander, so dass Sie täglich eine neue Anregung erhalten. Ergänzen und variieren Sie weitere Karten nach Belieben.

Achtsam (er-)leben

Achtsamkeitsübungen der verschiedenen Sinne lassen uns wieder bewusst erleben, was im Alltag häufig selbstverständlich scheint.

Sinneskanal	Beispiele für bewusstes Wahrnehmen
Sehen	Bewusstes Betrachten von Blumen, Bildern, Sonnenuntergang, Wolken, Landschaften, Tieren …
Hören	Bewusstes Hören von Lieblingsmusik, Vogelgezwitscher, Regentropfen, Blätterrauschen im Wind, Umgebungsgeräuschen …
Fühlen	Bewusstes Fühlen von wärmender Sonne, Regentropfen auf der Haut, verschiedener Oberflächenqualitäten (rau, glatt, feucht, trocken, warm, kalt …), Hautlotion …
Schmecken	Eine Weintraube, ein Stück Schokolade … bewusst schmecken, eine Mahlzeit Bissen für Bissen genießen, ein Getränk schluckweise trinken …
Riechen	Bewusstes Riechen von Lieblingsparfüm, Blumen, Körperpflegemittel, Duftkerzen, Speisen, Obst …

Sinnesreise

Die Durchführung erfolgt zu zweit. Der aktive Partner wählt im Vorfeld verschiedene Obstsorten, die der Partner mag (z. B. Kirschen, Pfirsich, Apfel oder Banane), und wäscht diese. Er stellt die Fragen und gibt nach jeder Frage Zeit zum Spüren. Die Fragen werden nur in Gedanken beantwortet.

Sinnesreise

- Nehmen Sie einen bequemen Sitz ein, der Rücken ist gerade, die Füße stehen schulterbreit, die Schultern sind entspannt und die Hände liegen locker auf den Oberschenkeln.
- Schließen Sie die Augen und nehmen Sie wahr, was sie hören.

Der aktive Partner legt dem Partner das erste ungeschälte Obst auf die flach ausgestreckte Hand

- Spüren Sie das Obst mit geschlossenen Augen auf Ihrer flachen Hand: Wie fühlt sich die Oberfläche an? Wie ist die Temperatur? Welches Gewicht hat das Obst? Wie groß ist es? Welche Obstsorte könnte es sein? Nehmen Sie einen Geruch wahr?
- Schließen Sie nun Ihre Finger darum oder betasten Sie das Obst sanft mit beiden Händen. Wie fühlt sich die Oberfläche nun an? Hat sich die Temperatur verändert? Welches Gewicht hat das Obst nun?
- Führen Sie das Obst zur Nase. Wie riecht es? Welche Obstsorte könnte es sein?

Der unterstützende Partner teilt das Obst einmal und lässt den Partner daran riechen. Hat sich der Geruch verändert? Hat der Geruch Auswirkungen auf Ihre Körperreaktionen (Speichelfluss, Appetit, Magengeräusche …)?

Der unterstützende Partner schält und zerteilt das Obst in mundgerechte Stücke und legt dem Partner ein Stück auf die Zunge.

- Nehmen Sie das Obststück mit geschlossenen Augen wahr. Wie fühlt es sich auf Ihrer Zunge an? Welches Gewicht hat es? Welchen Geschmack hat es? Wie fühlt sich die Oberfläche an?
- Lutschen Sie das Obststück nun mit geschlossenen Augen. Wie fühlt sich die Oberfläche an? Wie schmeckt es? Wie fühlt sich die Konsistenz an?

Nach einem Obststück bietet der unterstützende Partner einen Schluck Wasser an. Die Sinnesreise wird nach Belieben mit verschiedenen Obstsorten weitergeführt.

Pläne erleichtern die Übersicht

Ein Kalender kann als Übersicht dienen für wichtige Termine, Geburtstage und andere Anlässe, welche die Kontaktaufnahme mit Außenstehenden fördern, aber auch als (Wochen-) Übersicht für feststehenden Aufgaben und deren Verteilung eine Orientierung bieten.

	Mo	Di	Mi	Do	Fr	Sa	So	
Von … bis								
Aufgabe								
Termine								
Zu beachten								
Weitere Aufgaben, die nicht an bestimmte Tage gebunden sind:								

Können Aufgaben gebündelt, zu einem anderen Zeitpunkt, auf eine andere Art und Weise oder von jemand anderem erledigt werden? Welche sind es?

Aufgabe: Was ist zu tun?	Notwendigkeit? Wunsch?	Zeitpunkt sinnvoll?	Art und Weise sinnvoll?	Evtl. abgeben an

Nun kann der Wochenplan entsprechend abgeändert und um die jeweiligen Helfer ergänzt werden.

	Mo	Di	Mi	Do	Fr	Sa	So	Wer?
Von … bis								
Aufgabe								
Termine								
Zu beachten								
Weitere Aufgaben, die nicht an bestimmte Tage gebunden sind:								

Literatur

Bundesministerium für Gesundheit (Hrsg.): Zahlen und Fakten zur Pflegeversicherung (2013). www.bmg.bund.de/fileadmin/dateien/Downloads/Statistiken/Pflegeversicherung/Leistungsempfaenger_Art_Pflegestufen/Leistungsempfaenger-nach-Leistungsarten-und-Pflegestufen_Stand_Juni2013.pdf, 19.11.2014

Bundesministerium für Gesundheit (Hrsg.) (o. J.a): Zahlen und Fakten zur Pflegeversicherung. Pflegefachkräftemangel, www.bmg.bund.de/pflege/zahlen-und-fakten-zur-pflegeversicherung.html, 11.09.2014

Bundesministerium für Gesundheit (Hrsg.) (o. J.b): Zahlen und Fakten zur Pflegeversicherung. Steuervorteil für Pflegehaushalte. www.bmg.bund.de/ministerium/presse/pressemitteilungen/2010-01/pressemitteilung-steuervorteil-fuer-pflegehaushalte.html, 19.11.2014

Deutsche Rentenversicherung (o. J.): Angehörige pflegen wird belohnt, www.deutsche-rentenversicherung.de/Allgemein/de/Navigation/1_Lebenslagen/04_Mitten_im_Leben/01_Rente_und_vorsorge/04_angehoerige_pflegen/angehoerige_pflegen_node.html, 19.11.2014

Deutsche Rentenversicherung (2013): Kindererziehung. Ihr Plus für die Rente – So viel Rente gibt es für Kindererziehung, 17, www.deutsche-rentenversicherung.de/cae/servlet/contentblob/232676/publicationFile/56110/kindererziehung_plus_fuer_die_rente.pdf, 19.11.2014

Friedrich-Ebert-Stiftung. Abteilung Wirtschafts- und Sozialpolitik und Kuratorium Deutsche Altershilfe (Hrsg.) (2013): Positionspapier Gute Pflege vor Ort. Das Recht auf eigenständiges Leben im Alter. Bonn

Gendlin, E. T.(2012): Focusing. 9. Auflage, Rowohlt, Hamburg

GKV-Spitzenverband (Hrsg.) (2011): Kompetenzförderung von pflegenden Angehörigen und Patienten, Schriftenreihe Modellprogramm zu Weiterentwicklung der Pflegeversicherung, Band 7, 25f., www.gkv-spitzenverband.de/media/dokumente/presse/publikationen/schriftenreihe/GKV-Schriftenreihe_Pflege_Band_7_18967.pdf, 19.11.2014

Handeln statt Misshandeln, Bonner Initiative gegen Gewalt im Alter e. V. (2011): www.hsm-bonn.de/bag.php, 19.11.2014

Hommel, Th. (2011): Deutschlands größter Pflegedienst in der Krise, www.aerztezeitung.de/politik_gesellschaft/pflege/article/640657/deutschlands-groesster-pflegedienst-krise.html, 21.11.2014

Institut für Demoskopie Allensbach (2004): Braucht man eine Familie um glücklich zu sein? Ergebnisse einer repräsentativen Bevölkerungsumfrage für das Forum Familie stark machen, 4, www.ifd-allensbach.de/studien-und-berichte/veroeffentlichte-studien.html, 19.11.2014

Keller, C., Schels, K. (2013): So gelingt Pflege zu Hause. Ein Ratgeber für pflegende Angehörige. Ernst Reinhardt, München / Basel

Rosenberg, M. B. (2011): GFK – Eine Sprache des Lebens. Junfermann, Paderborn

Salomon, J. (2009): Häusliche Pflege zwischen Zuwendung und Abgrenzung. Wie lösen pflegende Angehörige ihre Probleme? Eine Studie mit Leitfaden zur Angehörigenberatung. Kuratorium Deutsche Altershilfe, Köln

Luy, M. (2104): Lebenserwartung in West- und Ostdeutschland. Grundlage der Daten des statistischen Bundesamts, Vergleich 1910 / 1911 und 2010, www.lebenserwartung.info/index-Dateien/ledeu.html, 19.11.2014

Psychologische Unterstützung für Pflegende Angehörige. Pflegen-und-leben.de, www.pflegen-und-leben.de/index.php/informationen/krisentelefone-und-beschwerdestellen, 19.11.2014

Schefels, R. (o. J.): Pflege: Kinder kranker Eltern, www.familien-wegweiser.de/wegweiser/stichwortverzeichnis,did=128866.html, 19.11.2014

Sozialverband VdK Deutschland e. V. (2014): Große Pflegereform jetzt. Kampagnenflyer, www.grosse-pflegereform-jetzt.de/?page_id=37, 19.11.2014

Statistisches Bundesamt (Hrsg.) (2013): Pressemitteilung Nr. 283. 80,5 Millionen Einwohner am Jahresende 2012, www.destatis.de/DE/ZahlenFakten/GesellschaftStaat/Bevoelkerung/Bevoelkerungsstand/Aktuell.html, 19.11.2014

Internetadressen

Bundesarbeitsgemeinschaft der Freiwilligenagenturen e. V., www.bagfa.de, 19.11.2014

Bundesarbeitsgemeinschaft Schuldnerberatung e. V. (BAG-SB), www.meine-schulden.de, 19.11.2014

Bundesarbeitsgemeinschaft Wohnraumanpassung e. V., www.wohnungsanpassung-bag.de, 19.11.2014

Bundesministerium für Familie, Senioren, Frauen und Jugend (Hrsg.) (2009): Leben und Wohnen für alle Lebensalter, 2. Auflage, www.bmfsfj.de/BMFSFJ/Service/publikationen,did=131590.html, 19.11.2014

Bundesministerium für Familie, Senioren, Frauen und Jugend (Hrsg.): Zuhause im Alter. www.serviceportal-zuhause-im-alter.de, 19.11.2014

Techniker Krankenkasse. Das 10-Minuten-Programm, www.tk.de/tk/gesunder-ruecken/rueckentraining/rueckenuebungen-zehnminutenprogramm/21298, 19.11.2014

Sachregister

Keller • Schels
So gelingt Pflege zu Hause
Ein Ratgeber für pflegende Angehörige
reinhardt

Tiergeschichten locken Erinnerungen hervor

Astrid McCornell
Wo sich Huhn und Eule gute Nacht sagen
Tiergeschichten zum Vorlesen bei Demenz
2014. 118 Seiten.
(978-3-497-02478-0) kt

21 Geschichten erzählen liebevoll von Tieren im fortgeschrittenen Alter, welche mit dem Glück und den Tücken des Alltags konfrontiert werden.

Themen wie Liebe, Familie, Natur, Rituale und Feste werden humorvoll, kurz und klar geschildert. Die Geschichten bauen Brücken in die Welt des an Demenz erkrankten Menschen, erschließen seine Wünsche, Vorlieben und Gewohnheiten. Sie lassen Raum für das Erkunden der eigenen Gefühle und geben sinnliche Anregungen für Kommunikationsimpulse.

Fragen zur eigenen Biografie und zum emotionalen Erleben wecken persönliche Erinnerungen. Aktionseinheiten wie ergotherapeutische Angebote, Rätsel und Redewendungen, Bewegungsübungen, Lieder und Gedichte sowie Vorschläge für Feste und Feiern laden zum Mitmachen ein.

reinhardt
www.reinhardt-verlag.de